DR. GARETH MOORE

WIE? WAS? WOW!

ILLUSTRIERT VON
RYAN O'ROURKE

Für meinen großartigen Sohn, Theo – G.M.

Für meine Familie: Trish, Kaylee, Liam und Riley – R.O.

INHALT

Kannst du einen Tyrannosaurus rex von einem Triceratops unterscheiden?

Was ist mit einem Schädel und einem Schlüsselbein?

Teste dein Wissen über deine Lieblingsthemen mithilfe dieser 20 Bilderrätsel. Und bald schon bist du Profi in so unterschiedlichen Bereichen wie Musik und Sport, Hunderassen und Dinosaurier, Kuchen, Länder oder Berufe!

Wenn du dich an einem Rätsel versucht hast, blättere einfach die Seite um und finde heraus, wie du dich geschlagen hast. Auf den Lösungsseiten bekommst du auch noch ein paar zusätzliche Infos zu jedem Bild, sodass es auf jeder Seite etwas Neues zu entdecken gibt.

Und jetzt viel Spaß bei WIE? WAS? WOW!

DÜRFEN WIR DIR DEN MEISTER DER BILDERRÄTSEL VORSTELLEN?

Dr. Gareth Moore ist Profirätsler und Bestsellerautor vieler Rätsel- und Gehirntrainingsbücher. Er hat die Webseite BrainedUp.com gegründet, auf der man sein Gehirn trainieren kann, und betreibt die Rätsel-Seite PuzzleMix.com. Er hat einen Doktortitel an der Universität von Cambridge erworben, wo er Maschinen beigebracht hat, gesprochenes Englisch zu verstehen.

AUFBAU DIESES BUCHES

Jedes Themengebiet umfasst vier Seiten – zwei Doppelseiten – und beginnt immer mit einem Bilderrätsel. Lies zunächst die Anweisung, die vor jedem Kapitel steht. Keine Sorge, falls du nicht weiterkommst. Rätsel können sogar noch mehr Spaß machen, wenn man sie mit einer anderen Person zusammen löst. Bitte also einfach jemanden um Hilfe.

ERFAHRE INTERESSANTE FAKTEN AUF DER LÖSUNGSSEITE!

BENUTZE ALS HILFESTELLUNG AUCH DIE LEGENDE UND DIE HINWEISE

BENENNE DIESEN

DINOSAURIER

DINOSAURIERNAMEN SETZEN SICH AUS GRIECHISCHEN UND LATEINISCHEN WÖRTERN ZUSAMMEN, DIE DIE KÖRPERFORM ODER DAS VERHALTEN DES DINOSAURIERS GENAUER BESCHREIBEN.

DIE UNTENSTEHENDE LEGENDE HILFT DIR DABEI, DAS RÄTSEL ZU LÖSEN.

WIE VIELE DINOSAURIER KANNST DU BENENNEN?

1. Mein Name bedeutet **TYRANNISCHER ECHSEN-KÖNIG.**

2. Mein Name bedeutet **ARM-ECHSE.**

3. Mein Name bedeutet **SCHNELLER PLÜNDERER.**

4. Mein Name bedeutet **VOGEL-RÄUBER.**

5. Mein Name bedeutet **TRÜGERISCHE ECHSE.**

6. Mein Name bedeutet **GEHÖRNTE ECHSE.**

LEGENDE

ARGENTINISCH →	ARGENTINO
ARM →	BRACHIO
BALKEN →	DOCUS
DACH →	STEGO
DOPPEL →	DIPLO
DORN →	SPINO
DREI →	TRI
ECHSE →	SAURUS
HORN →	CERATO
GESICHT →	PS
GROSS →	MEGALO
KIEFER →	GNATHUS
KLEIN →	MICRO
KÖNIG →	REX
PLÜNDERER →	RAPTOR
RÄUBER →	LESTES
SCHNELL →	VELOCI
TRÜGERISCH →	APATO
TYRANN →	TYRANNO
VOGEL →	ORNITHO
ZIERLICH →	COMPSO

7. Mein Name bedeutet
ARGENTINISCHE ECHSE.
8. Mein Name bedeutet
DACH-ECHSE.
9. Mein Name bedeutet
DREI-HORN-GESICHT.
10. Mein Name bedeutet
DOPPEL-BALKEN.
11. Mein Name bedeutet
GROSSE ECHSE.
12. Mein Name bedeutet
ZIERLICHER KIEFER.
13. Mein Name bedeutet
DORN-ECHSE.
14. Mein Name bedeutet
KLEINER PLÜNDERER.
15. Mein Name bedeutet
KLEIN-HORN.

DINOSAURIER

LÖSUNGEN

1. Ich bin **TYRANNOSAURUS REX!** Ich habe meinem Namen „tyrannischer Echsenkönig" alle Ehre gemacht, denn ich konnte etwa dreimal so stark zubeißen wie ein Löwe.

2. Ich bin **BRACHIOSAURUS!** Mein Name bedeutet „Arm-Echse", da meine Arme länger als meine Beine waren, was für einen Dinosaurier sehr ungewöhnlich ist.

3. Ich bin **VELOCIRAPTOR!** Mein Name bedeu „schneller Plünderer", was mich ganz g beschreibt, weil ich schnell, leicht unc sehr wendig war.

4. Ich bin **ORNITHOLESTES!** Obwohl mein Name „Vogel-Räuber" bedeutet, habe ich eigentlich viel lieber Echsen verspeist.

5. Ich bin **APATOSAURUS!** „Trügerische Echse" ist der perfekte Name für mich, da man mich jahrzehntelang für einen Brontosaurus hielt, weil unsere Skelette sich so sehr ähneln.

6. Ich bin **CERATOSAURUS!** Dank meines einzigartigen Horns am Ende meines Schädels hat man mir den Namen „Gehörnte Echse" gegeben.

7. Ich bin **ARGENTINOSAURUS!** Ich trage den Namen „argentinische Echse", weil man mich in diesem Land entdeckt hat.

8. Mein Name ist **STEGOSAURUS!** Ich trage den Namen „bedachte Echse“ wegen der Platten, die wie auf einem Dach an meinem Rücken entlangliefen.

9. Mein Name ist **TRICERATOPS!** „Drei-Horn-Gesicht“ beschreibt mich ziemlich gut. Ich habe meine Hörner dazu genutzt, um mich gegen Angriffe von Raubtieren zu verteidigen.

10. Ich bin **DIPLODOCUS!** Der Mittelteil meines Schwanzes hatte auf der Unterseite seltsam geformte Knochen, die mir den Namen „Doppel-Balken“ verliehen haben.

11. Ich bin **MEGALOSAURUS!** Ich war einer der ersten Dinosaurier, die jemals entdeckt wurden, und mit meinen neun Metern Länge war ich schlicht und einfach eine „große Echse“.

14. Ich bin **MICRORAPTOR!** Mein Name bedeutet „kleiner Plünderer“, da ich der kleinste bisher bekannte Dinosaurier bin.

13. Ich bin **SPINOSAURUS!** Mein Name „Dorn-Echse“ kommt von meinem herausstechenden Merkmal: einem riesigen Segel auf meinem Rücken, das aus langen Dornen bestand.

12. Ich bin **COMPSOGNATHUS!** Ich besaß viele kleine, sehr scharfe Zähne, weshalb man mir den Namen „zierlicher Kiefer“ gab.

15. Ich bin **MICROCERATUS!** Ich war der kleinste gehörnte Dinosaurier, der jemals gelebt hat. Deshalb hat man mir den Namen „Klein-Horn“ gegeben.

BENENNE DIESEN

BERUF

DIESE GEGENSTÄNDE WERDEN VON BESTIMMTEN BERUFSGRUPPEN BENUTZT.

LIES DIE HINWEISE UND ORDNE DIE AUFGELISTETEN BERUFE DEM RICHTIGEN GEGENSTAND ZU.

HINWEISE

- ◆ **BUCHHALTER*INNEN** zählen Geld zusammen.
- → **SCHAUSPIELER*INNEN** führen Szenen in Filmen auf.
- ● **ARCHITEKT*INNEN** zeichnen Pläne von Gebäuden.
- ⁂ **KÜNSTLER*INNEN** malen Bilder.
- ▷ **ASTRONAUT*INNEN** reisen ins Weltall.
- ◆ **ANWÄLT*INNEN** tragen in manchen Ländern bei Gericht Roben.
- → **BAUARBEITER*INNEN** arbeiten auf Baustellen.
- ● **KÖCH*INNEN** tragen bei der Arbeit eine Mütze.
- ⁂ **REINIGUNGSKRÄFTE** beseitigen Schmutz.
- ▷ **PROGRAMMIERER*INNEN** schreiben Computerprogramme.
- ◆ **TÄNZER*INNEN** tragen spezielle Schuhe.
- → **ZAHNÄRZT*INNEN** schauen sich unsere Zähne an.
- ● **ÄRZT*INNEN** lauschen unserem Körper.
- ⁂ **FEUERWEHRLEUTE** sprühen Wasser auf Feuer.
- ▷ **FUSSBALLSPIELER*INNEN** tragen Stollenschuhe.
- ◆ **FRISEUR*INNEN** schneiden und stylen Haare.
- → **BADEMEISTER*INNEN** retten Menschen aus dem Wasser.
- ● **RETTUNGSSANITÄTER*INNEN** führen Erstversorgung durch.
- ⁂ **FOTOGRAF*INNEN** benutzen Kameras.
- ▷ **PILOT*INNEN** tragen Headsets beim Fliegen.
- ◆ **WISSENSCHAFTLER*INNEN** führen Experimente durch.
- → **SÄNGER*INNEN** benutzen Mikrofone.
- ● **LEHRER*INNEN** lehren mit Tafeln.
- ⁂ **TIERÄRZT*INNEN** kümmern sich um kranke Tiere.

1.

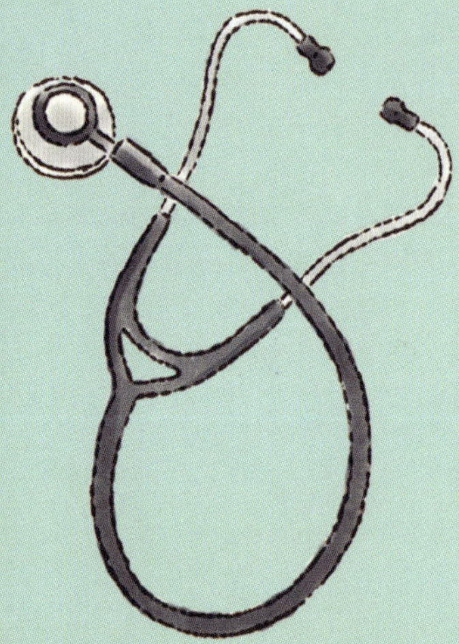

2.

3.

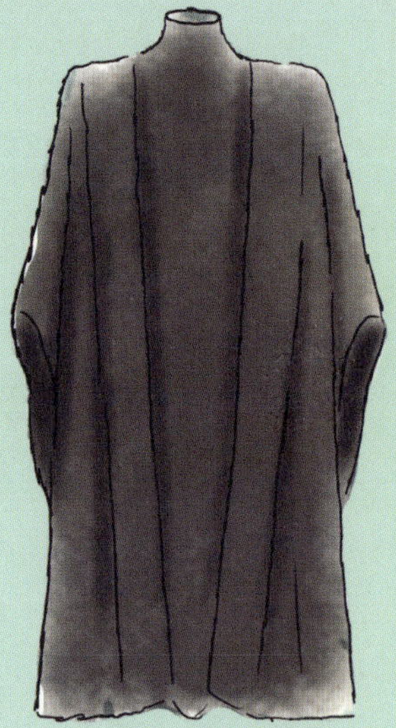

4.

5.

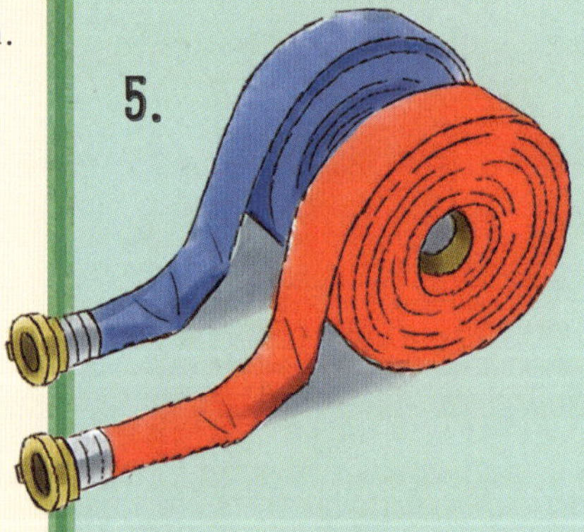

6.

7.

8.

9.

10.

11.

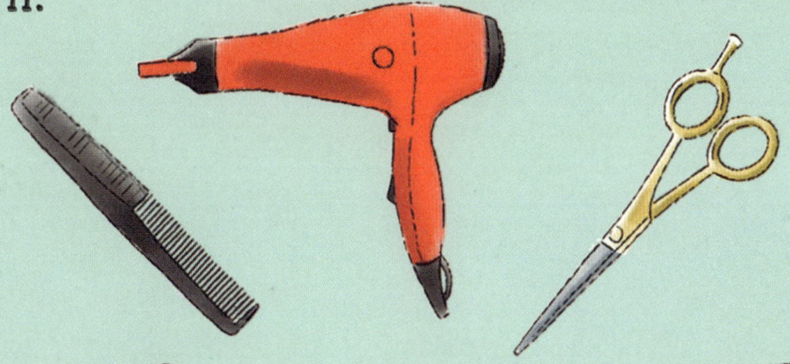

12.

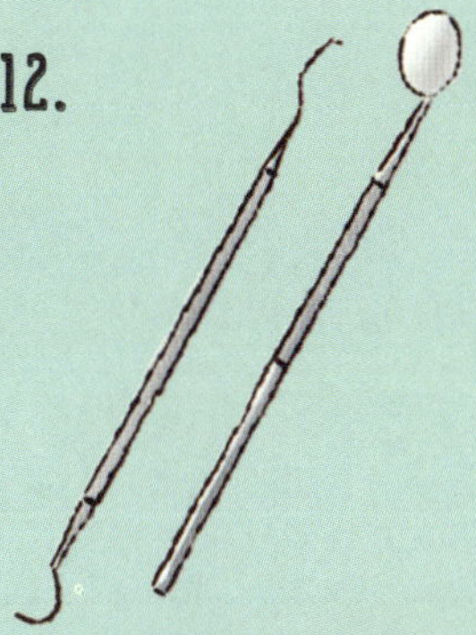

13.

14.

15.

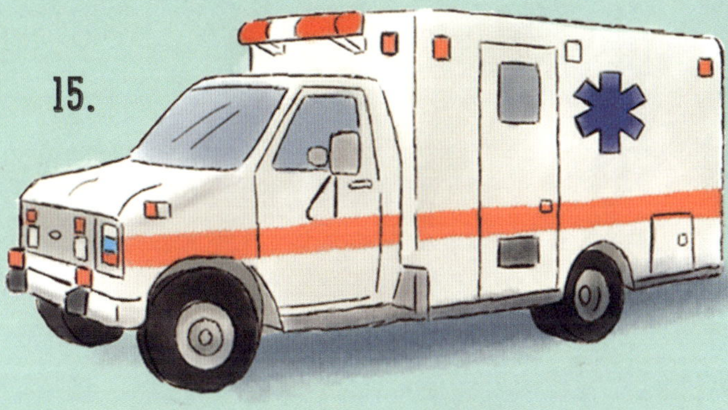

16.

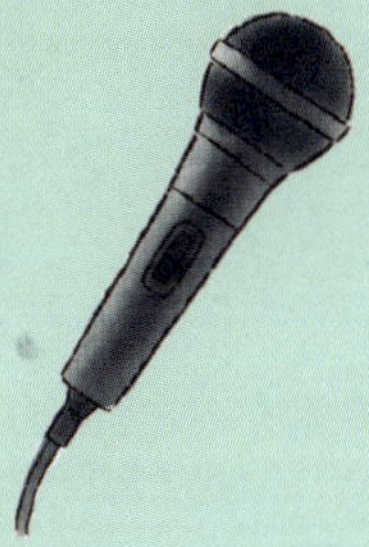

17.

18.

19.

20.

21.

22.

23.

24.

BERUFE

LÖSUNGEN

1.

Ich bin eine **ÄRZTIN!** Ich praktiziere Medizin und behandle Menschen, die krank oder verletzt sind.

2.

Ich bin **LEHRERIN!** Ich helfe anderen dabei, neue Dinge zu lernen, und ich bin häufig in einem Klassenzimmer anzutreffen.

3.

Ich bin **ANWÄLTIN!** Ich leiste Rechtsbeistand und spreche vor Gericht für Menschen.

4.

Ich bin **KOCH!** Ich bin im Kochen ausgebildet und man trifft mich häufig in professionellen Küchen wie denen in Restaurants an.

5.

Ich bin **FEUERWEHRMANN!** Ich lösche Feuer und rette Menschen aus Gefahren.

6.

Ich bin **KÜNSTLER!** Ich erschaffe Kunst wie Gemälde, Skulpturen oder Keramik.

7.

Ich bin **ARCHITEKTIN!** Ich entwerfe Gebäude und erstelle Pläne, mit denen sie gebaut werden können.

8.

Ich bin **FOTOGRAF!** Ich bin sehr gut darin, Fotos mit meiner Kamera zu schießen.

9.

Ich bin **WISSENSCHAFTLERIN!** Ich kenne mich gut in einer Wissenschaft aus und bei meiner Arbeit betreibe ich wissenschaftliche Forschung.

10.

Ich bin **FUSSBALLERIN!** Ich bin eine Sportlerin, die besonders gut Fußball spielen kann.

11.

Ich bin **FRISEURIN!** Ich schneide und style den Menschen die Haare und man trifft mich häufig in einem Friseursalon an.

12.

Ich bin **ZAHNÄRZTIN!** Ich praktiziere Medizin und behandle die Zähne und das Zahnfleisch von Menschen.

13.

Ich bin **SCHAUSPIELER!** Ich spiele eine Rolle in einem Theaterstück, einem Film oder einer Fernsehserie.

14.

Ich bin **TIERARZT!** Ich praktiziere Medizin und behandle Tiere, die krank oder verletzt sind.

15.

Ich bin **RETTUNGSSANITÄTER!** Ich versorge Menschen, bevor sie ins Krankenhaus gebracht werden oder auf dem Weg dorthin sind.

16.

Ich bin **SÄNGER!** Ich habe eine ausgebildete Stimme und bin sehr gut im Singen.

17.

Ich bin eine **REINIGUNGSKRAFT!** Ich bin dafür verantwortlich, einen bestimmten Ort wie ein Wohnhaus oder ein Büro sauber zu halten.

18.

Ich bin **BAUARBEITERIN!** Ich baue Gebäude wie Wohnhäuser oder Büros.

19.

Ich bin **PROGRAMMIERER!** Ich schreibe die Anweisungen, die man braucht, um mit Computern zu kommunizieren.

20.

Ich bin **BUCHHALTER!** Es ist mein Beruf, Geld zu verwalten und die Buchhaltung durchzuführen.

21.

Ich bin **ASTRONAUT!** Ich wurde dazu ausgebildet, die Erdatmosphäre in einem Raumfahrzeug zu verlassen.

22.

Ich bin **TÄNZERIN!** Ich wurde darin ausgebildet, meinen Körper und meine Füße zum Rhythmus der Musik zu bewegen.

23.

Ich bin **BADEMEISTER!** Ich bin ein ausgebildeter Schwimmer, der Menschen rettet, wenn sie im Wasser in Schwierigkeiten geraten.

24.

Ich bin **PILOTIN!** Ich wurde darin ausgebildet, ein Fluggerät wie ein Flugzeug zu fliegen.

BENENNE DIESEN

KNOCHEN

DEINE KNOCHEN HELFEN, DEINEN KÖRPER ZU STÜTZEN, UND SCHÜTZEN AUCH DEINE ORGANE. ALLE KNOCHEN DES MENSCHLICHEN KÖRPERS ZUSAMMEN NENNT MAN DAS SKELETTSYSTEM ODER AUCH EINFACH SKELETT.

SIEH DIR DAS SKELETT RECHTS IN DER GRAFIK GENAU AN UND FINDE HERAUS, WIE VIELE KNOCHEN DU BENENNEN KANNST. ALS HILFE SIND MANCHE KNOCHEN BLAU SCHATTIERT.

1.

2.

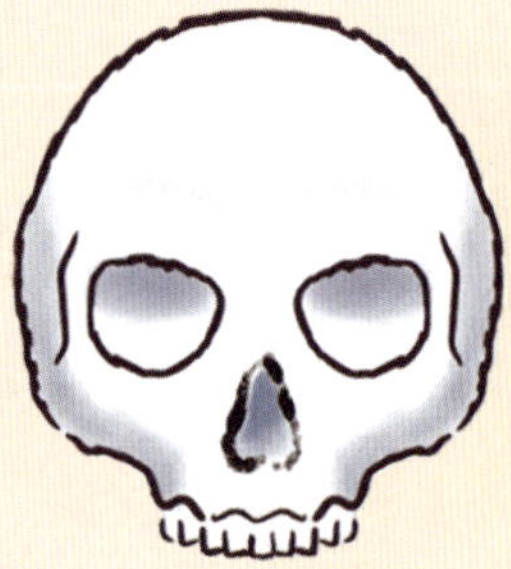

3.

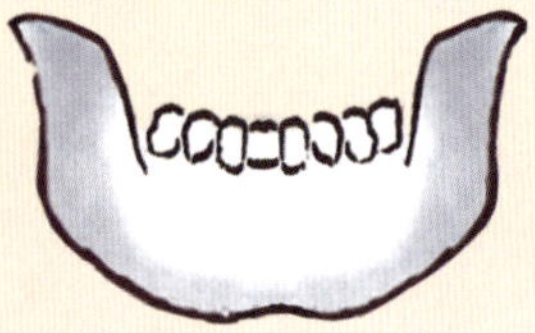

4.

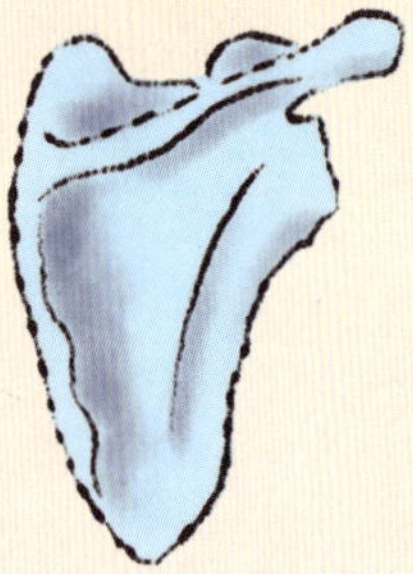

5.

6.

7.

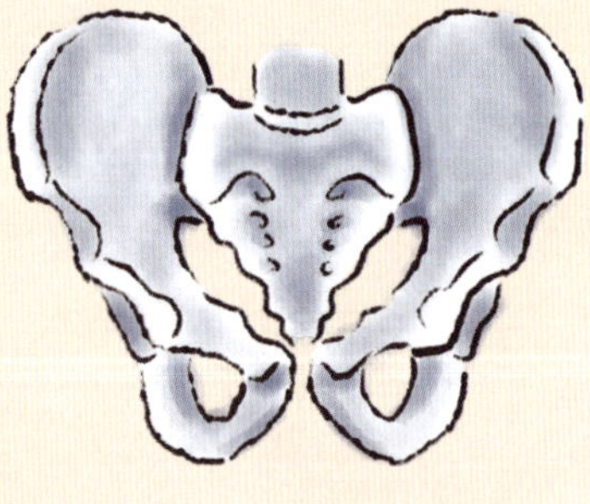

8.

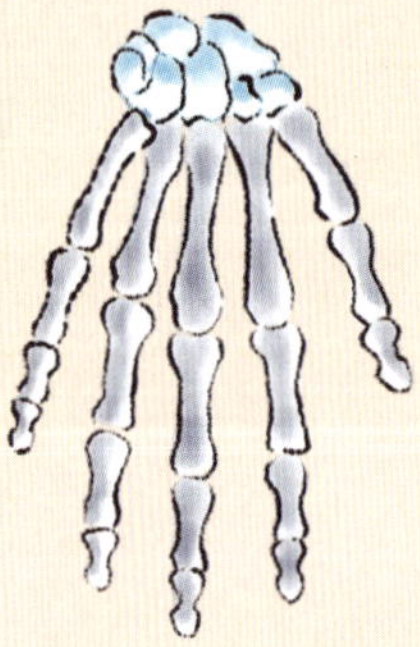

9.

10.

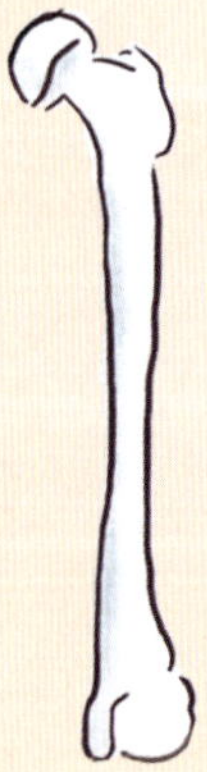

11.

12.

13.

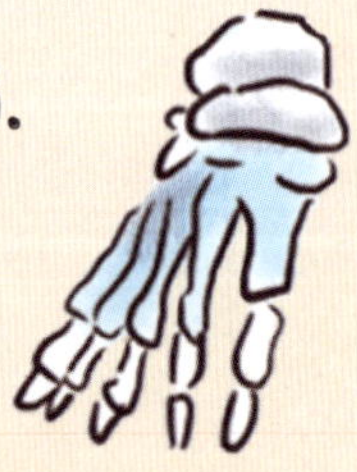

14.

15.

16.

17.

18.

19.

20.

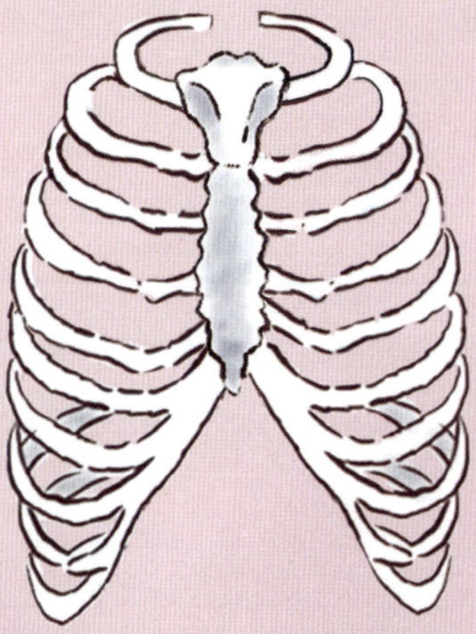

SKELETTSYSTEM

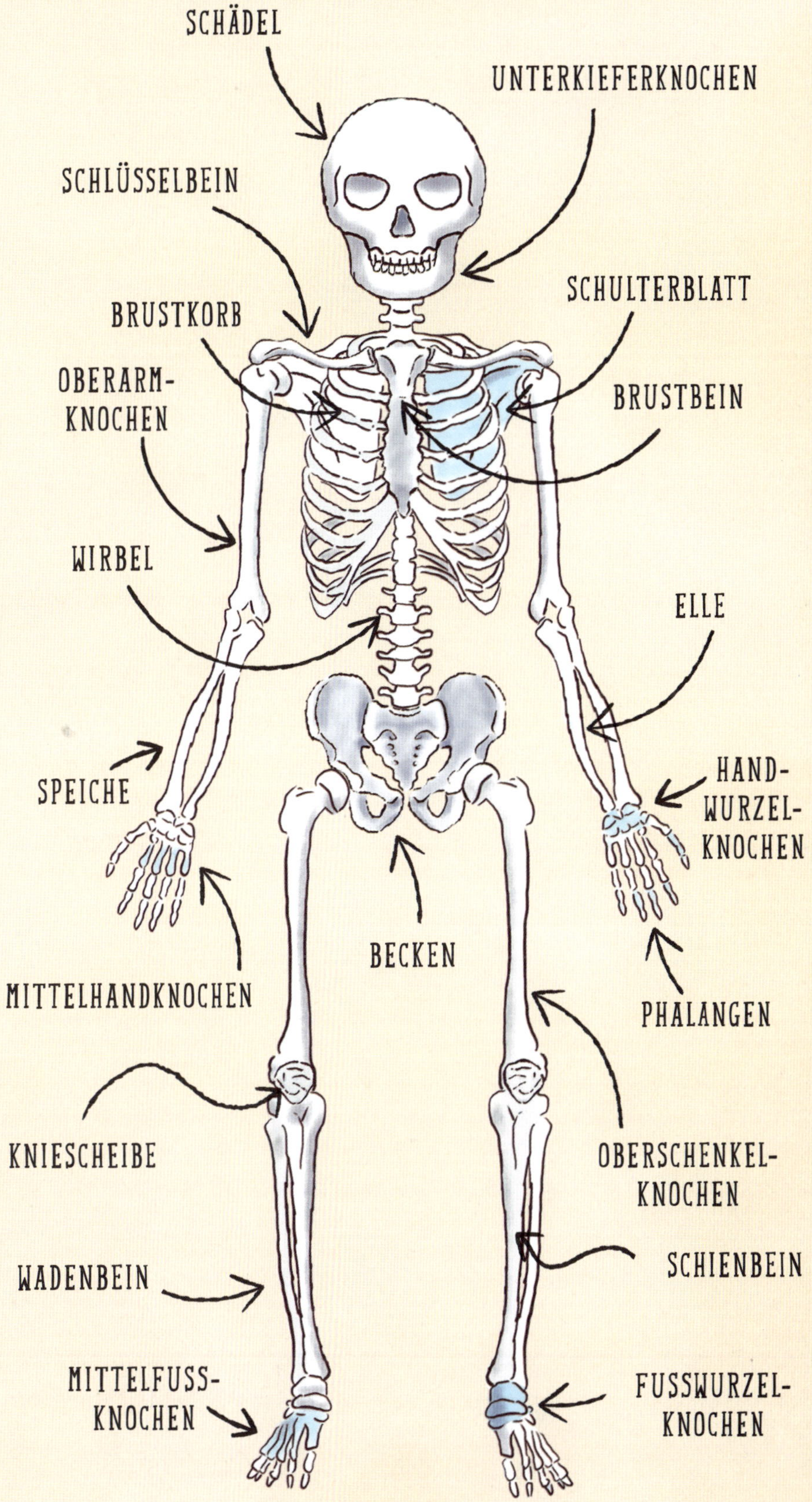

KNOCHEN

LÖSUNGEN

1. Ich bin dein **SCHLÜSSELBEIN!** Ich bin ein schmaler, s-förmiger Knochen, den Ärzte auch Clavicula nennen. Ich verbinde dein Brustbein, auch Sternum genannt, mit deiner Schulter.

2. Ich bin dein **SCHÄDEL!** Meine Aufgabe ist es, dein Gehirn zu schützen und das Gewebe deines Gesichts zu stützen.

20. Ich bin dein **BRUSTKORB!** Deine Rippen sind eine Reihe flacher, dünner Knochen, die halbrund vor deiner Brust liegen, und die Aufgabe des Brustkorbs ist es, dein Herz und deine Lunge zu schützen.

19. Ich bin dein **OBERARMKNOCHEN!** Ich bin der lange Knochen, der sich in deinem Oberarm befindet und von deiner Schulter bis zum Ellbogen reicht.

18. Wir sind deine **WIRBEL!** Wir sind 33 kleine Knochen und bilden deine Wirbelsäule. Wir werden durch Scheiben voneinander getrennt, was die Knochen abfedert und sie vor Reibung schützt.

17. Ich bin deine **SPEICHE!** Ich bin der kürzere und dickere der beiden Knochen in deinem Unterarm und führe von deinem Ellbogen bis an dein Handgelenk.

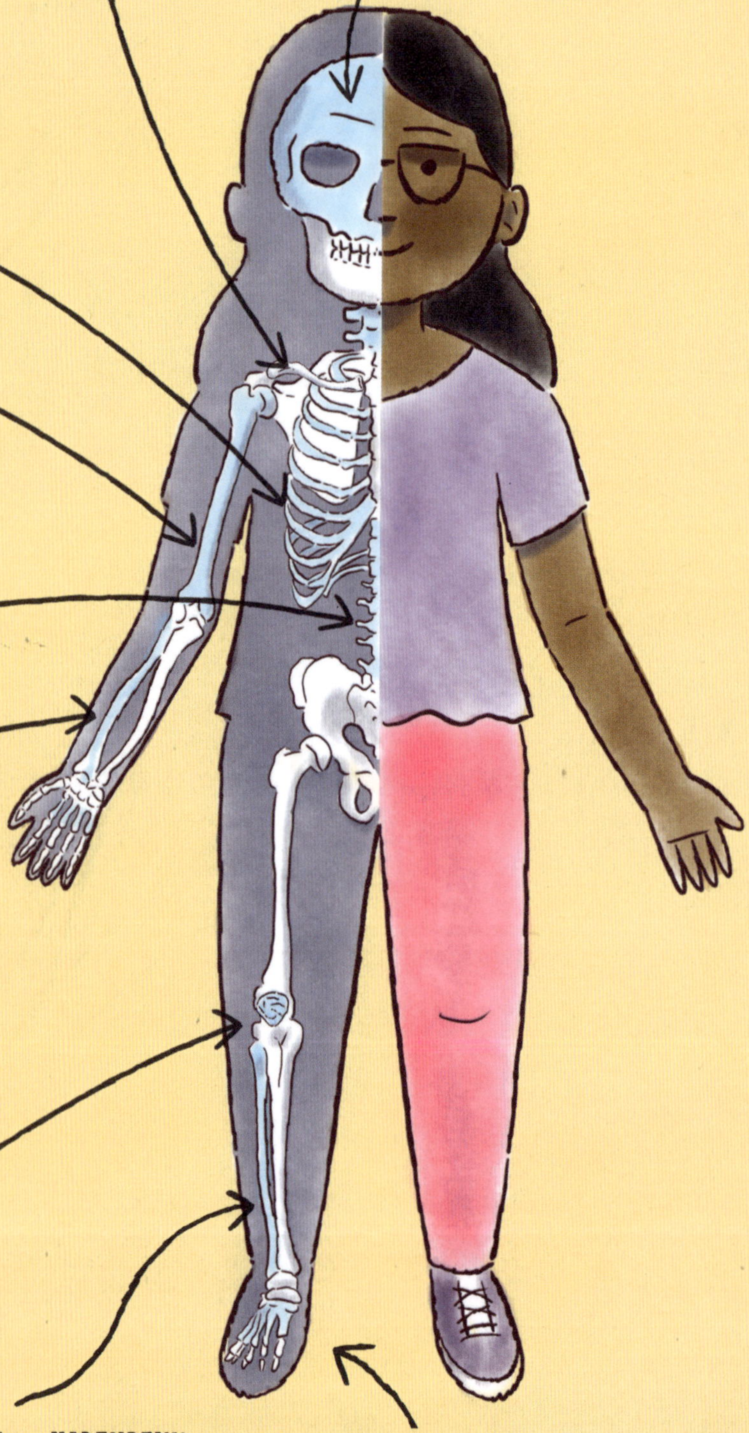

16. Wir sind deine **MITTELHANDKNOCHEN!** Wir sind eine Knochengruppe, die aus den fünf Knochen in deiner Hand besteht und jeweils die Basis deiner Finger bilden.

15. Ich bin deine **KNIESCHEIBE!** Ich bin ein kleiner Knochen, der vor deinem Kniegelenk sitzt. Ärzte nennen mich Patella.

14. Ich bin dein **WADENBEIN!** Ich bin der kleinere der beiden Knochen in deiner Wade und reiche von deinem Knie bis an deinen Knöchel. Ärzte nennen mich auch Fibula.

13. Wir sind deine **MITTELFUSSKNOCHEN!** Wir sind die fünf langen Knochen, die sich im mittleren Teil deines Fußes befinden.

3. Ich bin dein **UNTERKIEFERKNOCHEN!** Ich bin der größte Knochen deines Schädels und halte deine unteren Zähne in der richtigen Position. Das hilft dir beim Reden und Essen.

4. Ich bin dein **SCHULTERBLATT!** Ich bin ein großer, flacher, dreieckiger Knochen, der in deinem oberen Rücken sitzt.

5. Ich bin dein **BRUSTBEIN!** Ich bin ein schmaler, flacher Knochen, der sich mittig in deiner Brust befindet und von Ärzten Sternum genannt wird. Ich bilde eine wichtige Verbindung zwischen deinem Schlüsselbein und deinen Rippen.

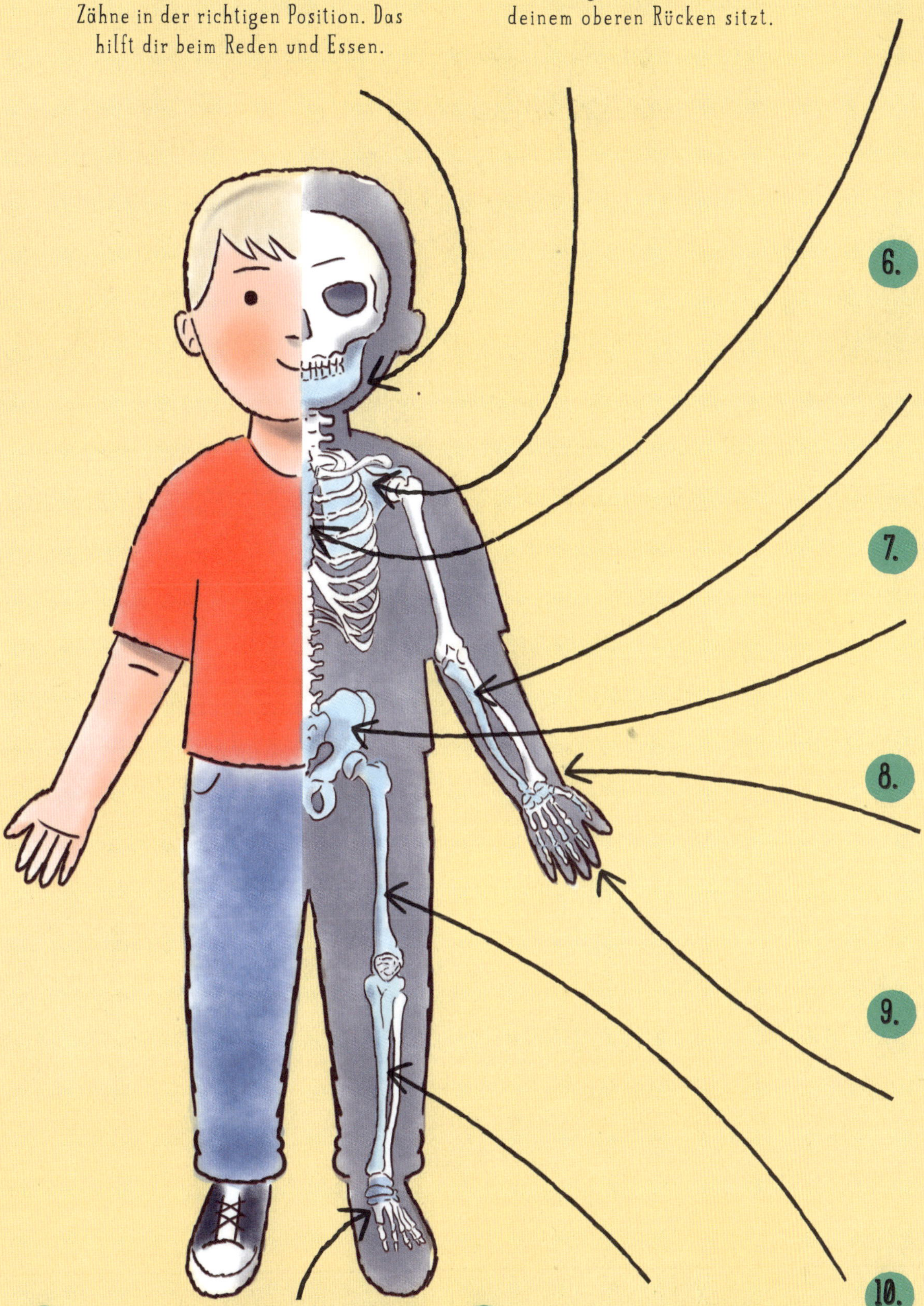

6. Ich bin deine **ELLE!** Ich bin der längere und dünnere Knochen deines Unterarms und reiche von deinem Ellbogen bis an dein Handgelenk.

7. Ich bin dein **BECKEN!** Ich bin schalenförmig und bestehe aus einer ganzen Reihe von Knochen, die deinen Oberkörper mit deinen Beinen verbinden.

8. Wir sind deine **HANDWURZELKNOCHEN!** Wir bestehen aus acht kleinen Knochen, die dein Handgelenk bilden und sind auch als Handgelenksknochen bekannt.

9. Wir sind deine **PHALANGEN!** Wir sind die Knochen am Ende deiner Hand, welche deine Finger bilden, und am Ende deiner Füße, die deine Zehen bilden.

10. Ich bin dein **OBERSCHENKELKNOCHEN!** Ich bin der lange Knochen, der sich im Innern deines Oberschenkels befindet und von deinem Knie bis an deine Hüfte reicht. Ich bin der längste, schwerste und stärkste Knochen in deinem Körper. Ärzte nennen mich Femur.

11. Ich bin dein **SCHIENBEIN!** Ich bin der größere der beiden Knochen in deiner Wade und reiche von deinem Knie bis an deinen Knöchel. Ärzte nennen mich auch Tibia.

12. Wir sind deine **FUSSWURZELKNOCHEN!** Wir sind die sieben unregelmäßig geformten Knochen in deinem Fuß.

BENENNE DIESES

LAND

JEDES LAND BESITZT EINE EINZIGARTIGE FLAGGE, DIE ALS STAATSSYMBOL GEHISST WIRD.

LIES DIE HINWEISE UND ORDNE DIE AUFGELISTETEN LÄNDER DER RICHTIGEN FLAGGE ZU.

HINWEISE

- ◆ Auf der Flagge von **ARGENTINIEN** ist in der Mitte eine Sonne zu sehen.
- → Auf der Flagge von **AUSTRALIEN** befinden sich sechs Sterne.
- ● Auf der Flagge von **BANGLADESCH** ist ein roter Kreis zu sehen, der nicht ganz in der Mitte ist.
- ⁘ Auf der Flagge von **BARBADOS** ist in der Mitte ein Dreizack zu sehen.
- ▷ Auf der Flagge von **BRASILIEN** ist eine Diamantform zu sehen.
- ◆ Auf der Flagge von **KANADA** ist in der Mitte ein Ahornblatt zu sehen.
- → Auf der Flagge von **CHINA** sind fünf Sterne zu sehen.
- ● Auf der Flagge von **FRANKREICH** ist ein blauer Streifen zu sehen.
- ⁘ Auf der Flagge von **DEUTSCHLAND** sind drei waagrechte Streifen zu sehen.
- ▷ Auf der Flagge von **GRIECHENLAND** ist in einer Ecke ein weißes Kreuz zu sehen.
- → Auf der Flagge von **INDIEN** ist in der Mitte ein Rad zu sehen.
- ● Auf der Flagge von **ISRAEL** ist ein sechseckiger Stern zu sehen.
- ⁘ Auf der Flagge von **ITALIEN** ist ein grüner Streifen zu sehen.
- ▷ Auf der Flagge von **JAMAIKA** sind vier Dreiecke zu sehen.
- ◆ Auf der Flagge von **JAPAN** ist ein ausgefüllter Kreis zu sehen.
- → Auf der Flagge von **SÜDAFRIKA** ist ein Dreieck zu sehen.
- ● Auf der Flagge von **SPANIEN** ist ein Staatswappen zu sehen.
- ⁘ Auf der Flagge der **SCHWEIZ** ist in der Mitte ein weißes Kreuz zu sehen.
- ▷ Auf der Flagge der **UKRAINE** sind zwei waagrechte Streifen zu sehen.
- ◆ Die Flagge des **VEREINIGTEN KÖNIGREICHS** ist auch in der oberen linken Ecke einer anderen Flagge zu sehen.
- → Auf der Flagge der **VEREINIGTEN STAATEN VON AMERIKA** sind Sterne und Streifen zu sehen.

1.

2.

3.

4.

5.

6.

7.

8.

9.

10.

11.

12.

13.

14.

15.

16.

17.

18.

19.

20.

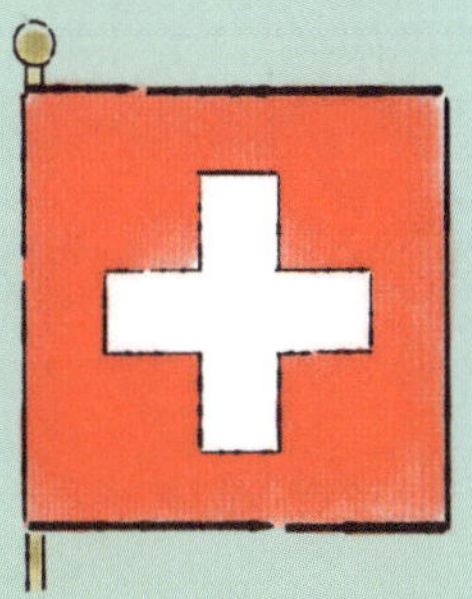

21.

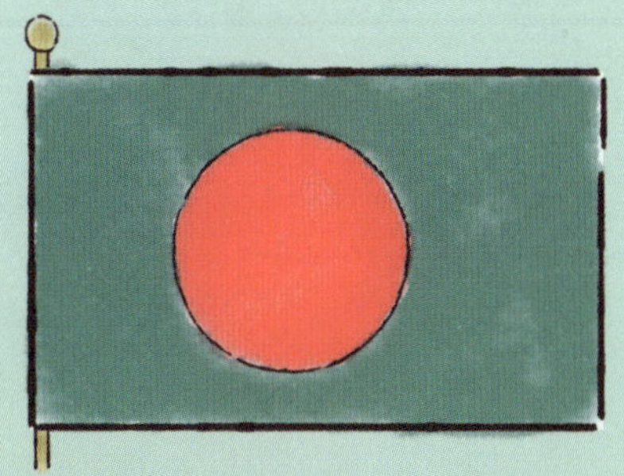

LÄNDER

LÖSUNGEN

1. POSTKARTE

Die **UKRAINE** befindet sich in Osteuropa. Die Sonnenblume ist die Nationalblume der Ukraine und wird dort seit Mitte des 18. Jahrhunderts gezüchtet.

2. POSTKARTE

BRASILIEN liegt an der Ostküste von Südamerika. Hier befinden sich etwa 6 Prozent des gesamten Amazonasgebiets, dem weltweit größten Regenwald.

3. POSTKARTE

FRANKREICH befindet sich in Westeuropa. Einige der besten Modeschöpfer kamen aus Frankreich, darunter auch Coco Chanel.

4. POSTKARTE

JAPAN liegt in Ostasien. Es gibt in Japan ungefähr einen Getränkeautomaten pro 30 Einwohner.

5. POSTKARTE

Das **VEREINIGTE KÖNIGREICH** liegt im äußersten Westen Europas. Die Briten trinken schätzungsweise hundert Millionen Tassen Tee am Tag!

6. POSTKARTE

INDIEN liegt in Südasien. In der indischen Kultur zählen Elefanten zu den heiligen Tieren und sind durch staatliche Gesetze geschützt.

7. POSTKARTE

GRIECHENLAND liegt in Südeuropa. Die Hauptstadt Griechenlands wurde nach der griechischen Göttin der Weisheit und Tapferkeit Athene benannt.

8. POSTKARTE

CHINA liegt in Südostasien. Die dortigen Hochgeschwindigkeitszüge sind die schnellsten der Welt. Manche sind mit einer Geschwindigkeit von 430 Stundenkilometern unterwegs.

9. POSTKARTE

DEUTSCHLAND liegt in Westmitteleuropa. Dank seines Beitrags zur Kultur ist es bekannt als „Land der Dichter und Denker".

10. POSTKARTE

Die **VEREINIGTEN STAATEN VON AMERIKA** befinden sich auf dem nordamerikanischen Kontinent. Der Mauna Kea auf Hawaii ist, vom Fuß bis zum Gipfel, der höchste Berg der Welt.

11. **POSTKARTE**

ITALIEN liegt in Südeuropa. Die Pizza, wie wir sie heute kennen, stammt aus Neapel und war zunächst eine Art Fladenbrot.

12. **POSTKARTE**

ISRAEL liegt im Mittleren Osten. Hier befindet sich der tiefste Punkt der Erde, das Tote Meer, das auch eines der salzigsten Gewässer der Welt ist.

13. **POSTKARTE**

JAMAIKA ist eine große Insel in der Karibik. Dank Musikern und Künstlern wie Bob Marley entstand hier die Reggae-Musik.

14. **POSTKARTE**

AUSTRALIEN liegt in Ozeanien, also zwischen dem Indischen Ozean und dem Südpazifik. Hier befindet sich auch das größte Korallenriff der Welt.

15. **POSTKARTE**

KANADA liegt im nördlichen Teil des nordamerikanischen Kontinents. Kanada zieht sich über 5500 Kilometer von Ost nach West und führt durch sechs Zeitzonen!

16. **POSTKARTE**

SPANIEN liegt im Südwesten Europas. Seine Nationalhymne ist eine von nur vier, die keinen Text haben.

17. **POSTKARTE**

SÜDAFRIKA liegt an der südlichsten Spitze Afrikas. Es besitzt elf Amtssprachen und ist wegen seiner unterschiedlichsten Kulturen auch als „Regenbogennation" bekannt.

18. **POSTKARTE**

ARGENTINIEN befindet sich im südlichen Teil von Südamerika. Hier sind auch die größten Nagetiere der Welt, die Capybaras oder Wasserschweine, zu Hause.

19. **POSTKARTE**

BARBADOS ist ein Inselstaat im Südosten der Karibik. Sein Name stammt von den Feigenbäumen, die früher überall auf der Insel zu finden waren.

20. **POSTKARTE**

Die **SCHWEIZ** liegt in Mitteleuropa. In dem kleinen Gebirgsland gibt es mehr als 450 Käsesorten.

21. **POSTKARTE**

BANGLADESCH befindet sich in Südasien. Die Nationalmannschaft im Cricket trägt den Spitznamen "The Tigers" nach dem dort heimischen Königstiger.

BENENNE DIESE*N

FORSCHER*IN

EIN*E FORSCHER*IN IST EINE PERSON, DIE UNSERE WELT ERFORSCHT, DAMIT WIR BESSER VERSTEHEN, WIE SIE FUNKTIONIERT.

LIES DIE HINWEISE UND ORDNE JEDE PERSON DER SACHE ZU, DIE ETWAS MIT IHRER ODER SEINER ARBEIT ZU TUN HAT.

HINWEISE

◆ **ADA LOVELACE** hat Computerprogramme geschrieben, die später für Rechenmaschinen verwendet wurden.

● **ALEXANDER GRAHAM BELL** war einer der Erfinder des ersten Telefons.

▷ **ALICE BALL** entwickelte ein injizierbares Öl zur Behandlung von Lepra.

→ **CHARLES DARWIN** schrieb ein Buch darüber, dass sämtliche Arten von Lebewesen miteinander verwandt sind.

⁂ **DAVID ATTENBOROUGH** produziert Naturdokumentationen.

▷ **GEORGE WASHINGTON CARVER** entwickelte zahlreiche Produkte aus Erdnüssen, darunter war neben Rasiergel oder Käse auch die Erdnussbutter.

→ **ISAAC NEWTON** entdeckte die Erdanziehungskraft, als er einen herabfallenden Apfel beobachtete.

⁂ **JANAKI AMMAL** züchtete neue Pflanzenarten.

▷ **JANE GOODALL** arbeitete mit Schimpansen.

◆ **MAE JEMISON** war eine Astronautin.

→ **MARIE CURIE** entdeckte zwei chemische Elemente: Polonium und Radium.

⁂ **MARY ANNING** fand Dinosaurierknochen.

▷ **ROSALIND FRANKLIN** trug zur Entdeckung des spiralförmigen DNS-Aufbaus bei.

→ **STEPHEN HAWKING** machte Entdeckungen über Schwarze Löcher.

⁂ **TED FUJITA** untersuchte Wetterextreme.

1.

2.

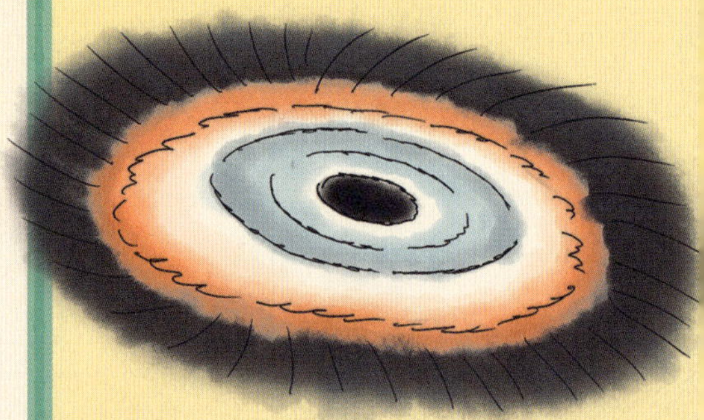

3.

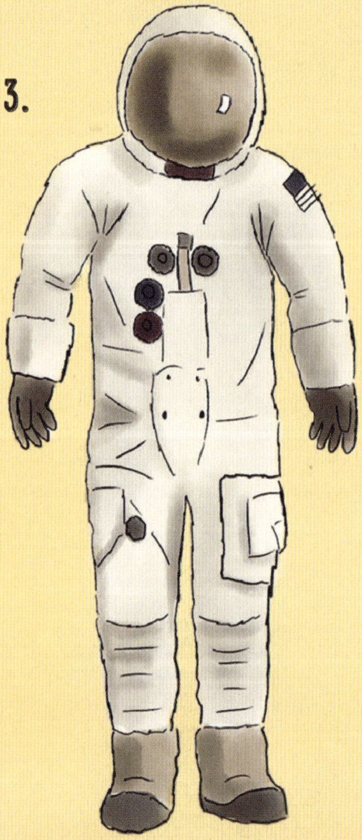

4.

5.

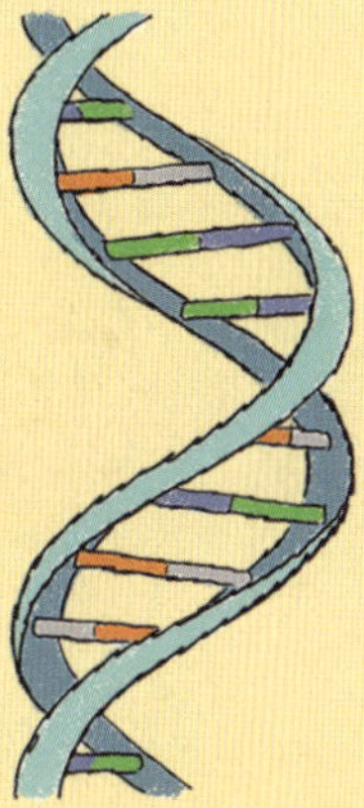

6.

7.

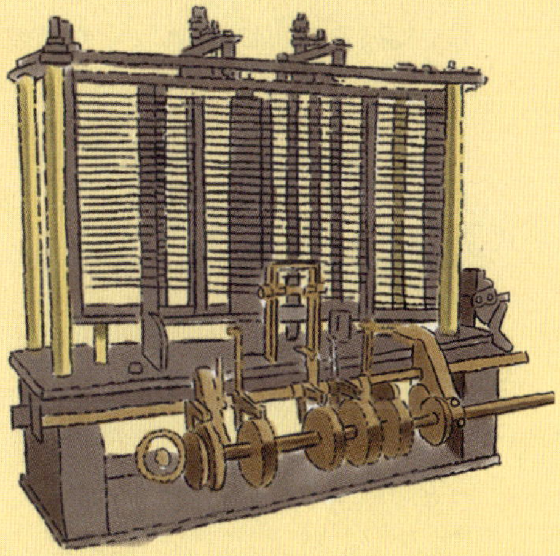

8.

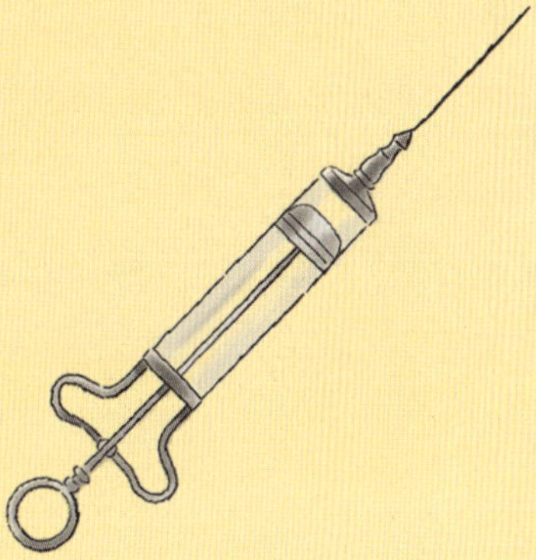

9.

10.

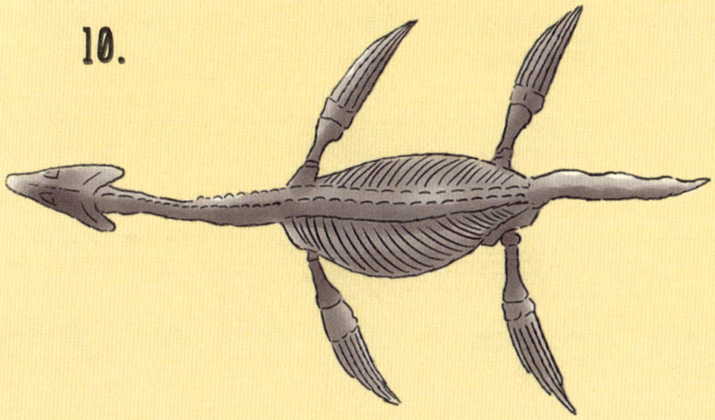

11.

12.

13.

14.

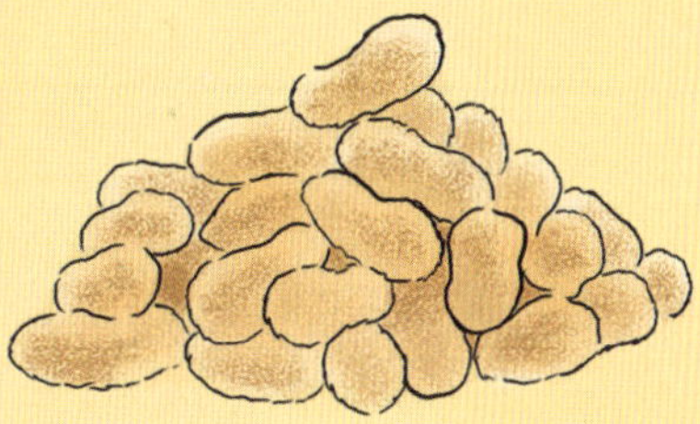

15.

FORSCHENDE

LÖSUNGEN

1. Mein Name ist **JANE GOODALL!** Im Jahr 1960 beobachtete ich als erste Person, wie Schimpansen Werkzeuge bauen und einsetzen.

2. Mein Name ist **STEPHEN HAWKING!** Ich war der Physiker, der 1971 entdeckt hat, dass sich beim Urknall winzige Schwarze Löcher gebildet haben.

3. Mein Name ist **MAE JEMISON!** Ich war NASA-Astronautin und flog im Jahr 1992 als erste Schwarze Frau ins Weltall.

4. Mein Name ist **ISAAC NEWTON!** Mitte der 1660er entdeckte ich eine unsichtbare Kraft, die Gegenstände zueinander hinzieht, während ich einen Apfel beobachtete, der vom Baum fiel. Ich nannte sie Schwerkraft!

5. Mein Name ist **ROSALIND FRANKLIN!** Meine Röntgenkristallographie-Aufnahme aus dem Jahr 1952 hat zur Entdeckung der Doppelhelix-Struktur des DNS-Strangs geführt.

6. Mein Name ist **CHARLES DARWIN!** Im 19. Jahrhundert war ich vor allem für meine Evolutionstheorie bekannt: Sie besagt, dass alle Arten sämtlicher Lebewesen, die heute leben, sich aus früheren Arten entwickelt haben.

7. Mein Name ist **ADA LOVELACE!** Ich war eine brillante Mathematikerin, die im Jahr 1843 das weltweit erste Computerprogramm geschrieben und veröffentlicht hat.

8. Mein Name ist **ALICE BALL!**
Mein injizierbares Öl wurde im Jahr 1926 zur ersten Behandlungsmöglichkeit für die bakterielle Infektionskrankheit Lepra.

9. Mein Name ist **JANAKI AMMAL!**
Ich war Indiens erste Botanikerin und in den 1930er-Jahren entwickelte ich die erste Zuckerrohr-Art, die sich für das indische Klima eignet.

10. Mein Name ist **MARY ANNING!**
Ich grub viele prähistorische Fossilien aus, darunter im Jahr 1822 ein Meeresreptil, das zur Zeit der Dinosaurier lebte: einen Ichthyosaurus.

11. Mein Name ist **ALEXANDER GRAHAM BELL!**
In den 1870er-Jahren trug ich zur Erfindung des Telefons bei.

12. Mein Name ist **MARIE CURIE!**
1911 erhielt ich den Chemie-Nobelpreis für die Entdeckung der Elemente Radium und Polonium.

13. Mein Name ist **TED FUJITA!**
1971 habe ich die Fujita-Skala erfunden, die die Stärke von Tornados misst. Deswegen erhielt ich den Spitznamen „Mr Tornado".

14. Mein Name ist **GEORGE WASHINGTON CARVER!**
Seit 1896 erforschte ich Erdnüsse, später entwickelte ich von Kleber bis Rasierschaum mehr als 300 Anwendungsmöglichkeiten für sie.

15. Mein Name ist **DAVID ATTENBOROUGH!**
Seit den 1950er-Jahren tragen meine Naturdokumentationen zum allgemeinen Verständnis der Naturwissenschaft bei.

BENENNE DIESE

ZIVILISATION

EINE ZIVILISATION IST EINE KOMPLEXE MENSCHLICHE GESELLSCHAFT MIT EIGENER SPRACHE UND LEBENSWEISE. GEGENSTÄNDE VERRATEN UNS VIEL ÜBER EINE ZIVILISATION, ÜBER DEN ALLTAG DER MENSCHEN UND DARÜBER, AN WAS SIE GEGLAUBT HABEN.

1.

2.

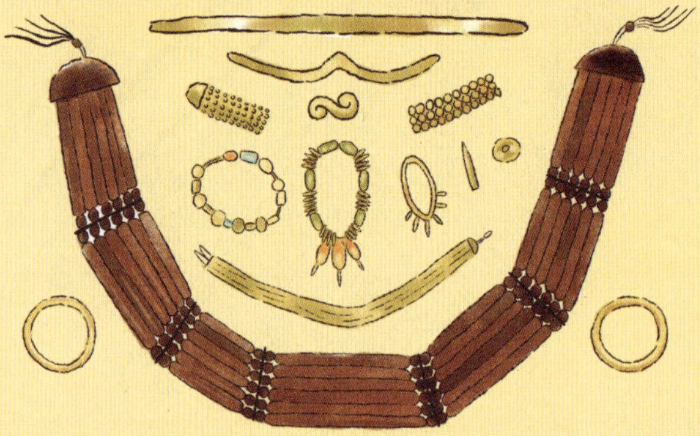

3.

4.

5.

6.

7.

8.

9.

10.

11.

12.

LIES DIE **GESCHICHTS-HINWEISE** UND FINDE HERAUS, WELCHE GEGENSTÄNDE ZU WELCHER ZIVILISATION GEHÖREN.

13.

14.

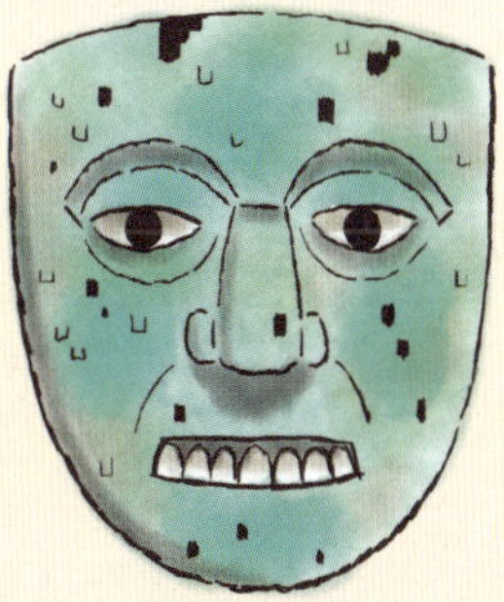

15.

GESCHICHTS-HINWEISE

◆ Das **DIDGERIDOO** ist ein Blasinstrument der **AUSTRALISCHEN ABORIGINES.** Es ist eines der ältesten bekannten Musikinstrumente weltweit.

→ Der erste Kaiser des **ALTEN CHINA** baute sich selbst eine Grabstätte voller **LEBENSGROSSER SOLDATEN**, die ihn im Tod beschützen sollten und die heute als Terrakotta-Armee bekannt sind.

● **TOTENMASKEN** spielten bei Beerdigungen im **ALTEN ÄGYPTEN** eine große Rolle. Die berühmteste gehörte Pharao Tutanchamun.

☼ Im **ALTEN GRIECHENLAND** erhielt der Gewinner der Olympischen Spiele einen **LORBEERKRANZ.**

▷ Als eine der reichsten Zivilisationen des Altertums prägte Karthago **GOLDMÜNZEN.**

◆ Ein **WIKINGERHELM** war haubenförmig. Er war schlicht, aber praktisch, da er die gesamte obere Hälfte des Kopfes des Wikingers vor Schlägen durch Feinde schützte.

→ **RELIGÖSE MASKEN** waren für die **AZTEKEN** heilig. Die berühmteste bestand aus einem türkisenen Mosaik und stellte Xiuhtecuhtli dar, den aztekischen Gott des Feuers.

● **LAMAS** wurden von den **INKAS** hochgeschätzt. Ihre feine Wolle war dem Adel vorbehalten.

☼ Bei den **INDUS** haben sowohl Frauen als auch Männer **SCHMUCK** getragen. Manche Menschen haben ihn zu spirituellen Zwecken getragen, zum Beispiel, um sich vor dem Bösen zu schützen.

▷ Aus Speckstein geschnitzte **VOGELSKULPTUREN** standen als Wächter auf den Mauern von „Groß-Simbabwe", der Hauptstadt des **KÖNIGREICHS SIMBABWE.**

→ Von allen historischen **KALENDER**-Systemen, war das der Maya am komplexesten. Es bestand aus drei ineinandergreifenden Kreisläufen.

● Das Volk der **MISSISSIPPI**-Kultur stellte wunderschöne **KUNSTWERKE AUS KUPFER** her, welches mit der Zeit grün wird.

☼ Massive **STEINKÖPFE** repräsentierten die Herrscher der **OLMEKEN.**

▷ Die **PERSER** erfanden **KUPPELBAUTEN AUS LEHM**, in denen Eis aufbewahrt wurde. Sie trugen den Namen Yachtschal.

◆ Im **ALTEN ROM** waren Gladiatoren Menschen, die gegeneinander kämpften, um das anwesende Publikum zu unterhalten. Viele von ihnen trugen **ROTE FEDERN AN IHREN HELMEN**, um größer und eindrucksvoller zu wirken.

ZIVILISATION

LÖSUNGEN

3. Die **ALTEN ÄGYPTER!** Diese Hochkultur währte mehr als 3.000 Jahre. Sie hinterließen viele Hinweise auf ihre Lebensweise, von den Pyramiden bis hin zu Malereien.

1. Die Zivilisation der **ABORIGINES!** Ihr Volk lebt seit mehr als 60.000 Jahren in Australien und ist somit die älteste noch bestehende Zivilisation der Erde.

ca. 58000 v. Chr. — ca. 3300 v. Chr. — ca. 3100 v. Chr. — ca. 1500 v. Chr.

2. Die **INDUS**-Kultur! Ihr Volk lebte im Tal des Flusses Indus und nutzte seinen Schlamm, um Ziegelsteine zum Bau von Häusern herzustellen. Diese Gebäude bildeten die weltweit erste Planstadt.

4. Die **MAYA**-Kultur! Die Mayas lebten in Mesoamerika (dem heutigen Mexiko und Mittelamerika), wo sie sich als hervorragende Imker erwiesen.

ca. 750 n. Chr. — ca. 800 n. Chr. — ca. 1220n. Chr.

12. Die **MISSISSIPPI**-Kultur! Ihr Ackerbau florierte im Gebiet der heutigen USA und die „drei Schwestern" – Mais, Kürbis und Bohnen – waren ihre wichtigsten Kulturpflanzen.

11. Die **WIKINGER!** Wikinger waren seefahrende Plünderer und Händler, die von Skandinavien aus in ihren Langbooten umherreisten.

13. Das **KÖNIGREICH SIMBABWE!** Dieses mächtige Königreich befand sich im Gebiet des heutigen Simbabwe, Afrika. Sein Volk bestand aus begabten Steinmetzen und seine Granitsteine ragen noch heute hoch in den Himmel.

5. Die **ALTEN GRIECHEN!** So viele Bereiche des modernen Lebens verdanken wir dieser Zivilisation, die vor über 3.000 Jahren zum Beispiel das Theater oder die Olympischen Spiele erfunden hat.

6. Die **OLMEKEN!** Sie waren Mitglieder einer Gesellschaft im Alten Mexiko, die wahrscheinlich die erste Schrift in Mesoamerika eingeführt hat.

ca.1200 v. Chr.

ca. 1200 v. Chr.

ca. 814 v. Chr.

ca. 753 v. Chr.

ca. 559 v. Chr.

ca. 221 v. Chr.

7. **KARTHAGO!** Laut einer Legende begann alles damit, dass Königin Dido die Stadt Karthago gründete. Diese entwickelte sich später zu einem der bedeutendsten Handelszentren der Antike.

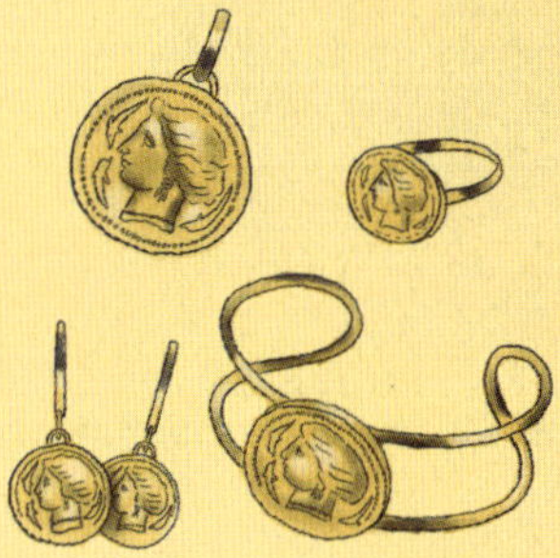

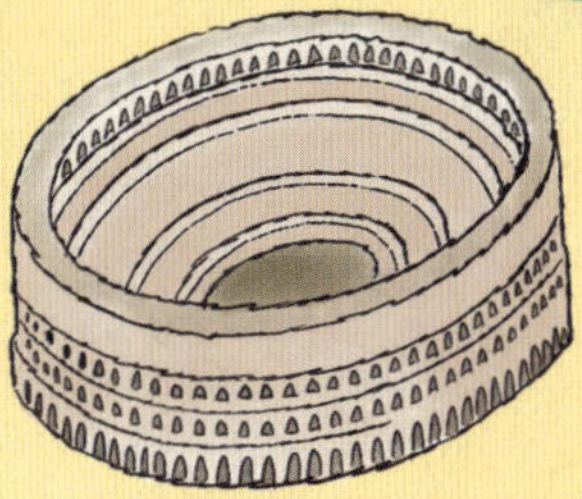

8. Das **ALTE ROM!** Laut einer Legende gründete König Romulus die Stadt Rom. In den nächsten 1.000 Jahren schuf das Volk daraus eines der mächtigsten Reiche, das die Welt je gesehen hat.

9. Das **PERSISCHE REICH!** Dieses entwickelte sich dank seiner vielen tollen Erfindungen, darunter die Bagdad-Batterie, zu einem der bedeutendsten für die Wissenschaften.

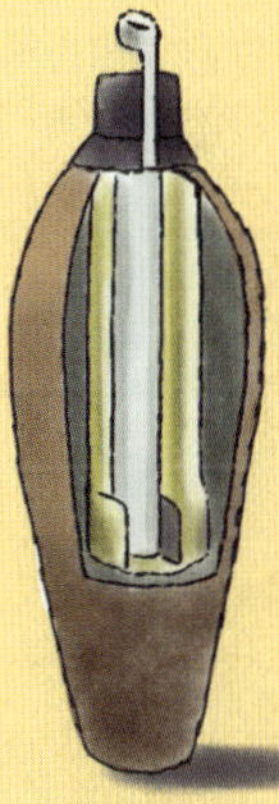

10. Das **ALTE CHINA!** Vom Magnetkompass bis hin zu Schießpulver, diese Zivilisation erfand Dinge, die sie dem Rest der Welt Jahrhunderte vorausgehatte.

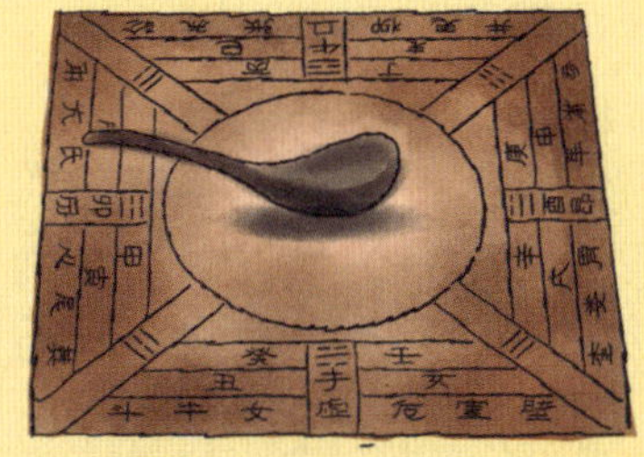

ca.1325 n. Chr.

ca.1438 n. Chr.

14. Das Reich der **AZTEKEN!** Dieses Volk bestand aus tapferen Kriegern, die sich in Zentralmexiko angesiedelt hatten. Die Azteken bezahlten ihre Krieger mit Kakaobohnen, da sie diese für Geschenke der Götter und für wertvoller als Gold erachteten!

15. Das Reich der **INKA!** Auf ihrem kulturellen Höhepunkt bevölkerten die Inkas den Großteil der Anden. Um sich fortzubewegen, bauten sie dort die fortschrittlichsten Straßen ihrer Zeit.

BENENNE DIESES

BAUWERK

VON ANTIKEN TEMPELN BIS HIN ZU MODERNEN WOLKENKRATZERN, DIE BERÜHMTESTEN BAUWERKE FASZINIEREN DIE MENSCHEN AUF DER GANZEN WELT.

LIES DIE HINWEISE UND FINDE HERAUS, WELCHE BAUWERKE DU BENENNEN KANNST.

HINWEISE

◆ Der **BIG BEN** ist einer der bekanntesten Glockentürme der Welt.

→ Der **BURJ KHALIFA** wird zu seiner Spitze hin immer schmaler.

● Das Regierungsgebäude **CASA ROSADA** ist bekannt für seine einzigartige rosa Farbe.

⁘ Das **RÖMISCHE KOLOSSEUM** war ein großes Amphitheater, das vor 2000 Jahren gebaut wurde. Mittlerweile ist es größtenteils eingestürzt und zerfallen.

▷ Der **EIFFELTURM** besteht aus sich kreuzenden Metalleinheiten.

◆ Die **GROSSE PYRAMIDE VON GIZEH** trägt ihre Form bereits in ihrem Namen: sie ist pyramidenförmig!

→ Die **HAGIA SOPHIA** hat ein großes gewölbtes Dach in der Mitte, das von vier schlanken Türmen, einer an jeder Ecke, umgeben ist.

● Die **SAGRADA FAMILIA** ist eine große Kathedrale mit reich verzierten Türmen.

⁘ Wie sein Name bereits verrät, neigt sich der **SCHIEFE TURM VON PISA** stark zu einer Seite.

▷ Der **ORIENTAL PEARL TOWER** besitzt drei kugelförmige Aussichtsplattformen.

◆ Der **PARTHENON** ist das, was von einem ehemals rechteckigen weißen Marmortempel noch übrig ist.

→ Die **PETRONAS-ZWILLINGSTÜRME** sind durch eine sehr hohe Brücke miteinander verbunden.

● Das **OPERNHAUS SYDNEY** besitzt gewölbte weiße Dächer, die aussehen wie die Segel eines Schiffes.

⁘ Das indische **TAJ MAHAL** ist ein Mausoleum aus weißem Marmor mit einem gewölbten Eingangsbereich.

▷ Am Eingang des **WEISSEN HAUSES** stehen Säulen und vor dem Gebäude wurden Ziergärten angelegt.

1.

2.

3.

4.

5.

6.

7.

8.

10.

11.

9.

12.

13.

14.

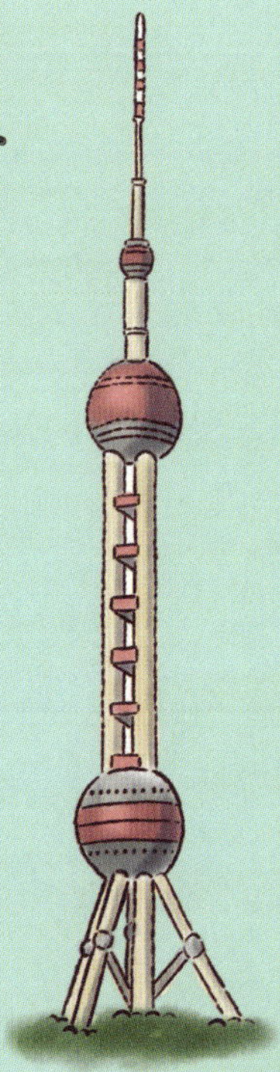

15.

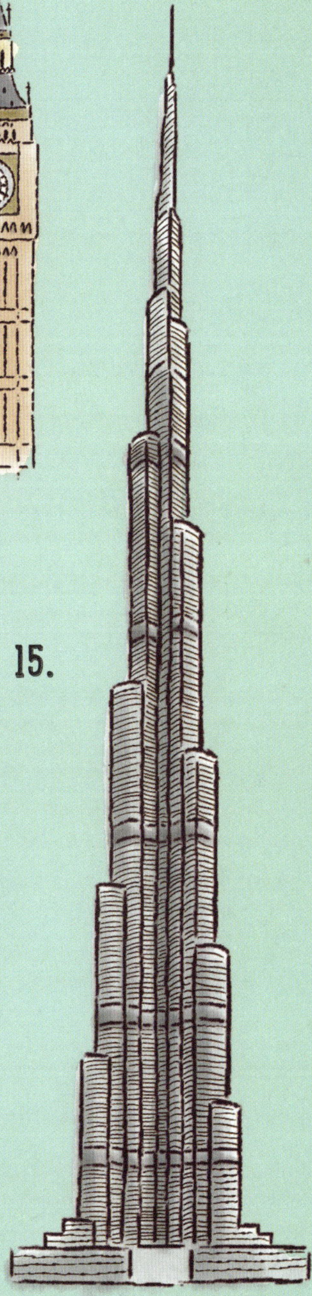

BAUWERKE

LÖSUNGEN

1. POSTKARTE

Der **PARTHENON!** Er steht auf der Akropolis, einem Hügel mit Blick über Athen, Griechenland. Er wurde als Tempel zu Ehren der Göttin Athene erbaut.

2. POSTKARTE

Das **WEISSE HAUS!** Gebaut als Haus des Präsidenten der Vereinigten Staaten, gilt es seit über 200 Jahren als Symbol der Präsidentschaft.

3. POSTKARTE

Das **KOLOSSEUM!** Ein Amphitheater im Stadtzentrum von Rom, Italien, das der Unterhaltung durch zum Beispiel Gladiatorenkämpfe diente.

4. POSTKARTE

Die **HAGIA SOPHIA!** Sie wurde in Istanbul, Türkei, ursprünglich als Griechisch-orthodoxe Kirche erbaut und wird heute als Moschee genutzt.

5. POSTKARTE

Der **SCHIEFE TURM VON PISA!** Ein freistehender Glockenturm der Kathedrale von Pisa in Italien. Er neigt sich zur Seite, weil der Untergrund instabil ist.

6. POSTKARTE

Die **CASA ROSADA!** Früher diente das Gebäude in Buenos Aires, Argentinien, als Festung und Zollhaus, und ist heute Regierungssitz des Landes.

7. POSTKARTE

Das **TAJ MAHAL!** Das muslimische Mausoleum am Ufer des Yamuna-Flusses in Indien wurde von mindestens 20.000 Menschen erbaut.

8. POSTKARTE

Das **OPERNHAUS SYDNEY!** Es steht im Hafen von Sydney, Australien, und wird für Musik-, Theater und Tanzaufführungen genutzt.

9. **POSTKARTE**

Die **GROSSE PYRAMIDE VON GIZEH!** Sie ist die größte ägyptische Pyramide und das Grabmal des Pharaos Khufu aus der vierten Dynastie.

10. **POSTKARTE**

Die **SAGRADA FAMILIA!** Sie ist eine katholische Kirche in Barcelona, Spanien, und seit über einem Jahrhundert unvollendet.

11. **POSTKARTE**

Der **BIG BEN!** Im Jahr 1859 wurde der Glockenturm fertiggestellt, in dem Big Ben, die größte der fünf Glocken mit einem Gewicht von 13,7 Tonnen hängt.

12. **POSTKARTE**

Der **EIFFELTURM!** Er ist das größte Bauwerk in Paris, Frankreich, und sollte ursprünglich nur 20 Jahre dort stehen. Aber er wurde so berühmt, dass er heute immer noch da ist.

13. **POSTKARTE**

Die **PETRONAS-ZWILLINGSTÜRME!** Zwei 88 Stockwerke hohe Wolkenkratzer, die in Kuala Lumpur, Malaysia, stehen.

14. **POSTKARTE**

Der **ORIENTAL PEARL TOWER!** Er dient vor allem als Fernsehturm, besitzt aber auch eine Aussichtsplattform, die einen 360-Grad-Blick auf Shanghai, China, bietet.

15. **POSTKARTE**

Der **BURJ KHALIFA!** Er steht in Dubai, Vereinigte Arabische Emirate, und ist seit 2009 das höchste Gebäude der Welt.

BENENNE DIESE

SPORTART

JEDER BALL ODER GEGENSTAND AUF DIESER SEITE WIRD BEI EINER BESTIMMTEN SPORTART GENUTZT. LIES DIE HINWEISE UND ORDNE JEDE AUFGELISTETE SPORTART DEM RICHTIGEN BALL ODER GEGENSTAND ZU.

HINWEISE

- **AMERICAN FOOTBALL** wird mit einem langgezogenen, ovalen Ball gespielt. Er ist meistens braun und weiß.
- **BADMINTON** wird mit einem Federball gespielt. Er ist kegelförmig mit sich überlappenden Federn.
- **BASEBALL** wird mit einem harten, robusten Ball gespielt. Er ist häufig aus weißem Leder mit einer roten Naht.
- **BASKETBALL** wird mit einem runden Lederball gespielt. Er ist in der Regel orange mit schwarzen Streifen.
- **BILLARD** wird mit kleinen, harten Kugeln gespielt, die durchnummiert sind.
- **CRICKET** wird mit einem harten, robusten Ball gespielt. Er ist häufig aus rotem Leder mit weißen Nähten.
- **KROCKET** wird mit verschiedenen farbigen Bällen gespielt, die mit einem Holzschläger geschlagen werden.
- **CURLING** wird mit einem runden, flachen Granitstein gespielt, der auf der Oberseite einen Griff hat.
- **FUSSBALL** wird mit einem runden Ball gespielt. Er ist für gewöhnlich schwarz-weiß.
- **GOLF** wird mit einem kleinen, harten und robusten Ball gespielt. Er ist weiß mit Dellen auf der Oberfläche.
- Beim **HAMMERWERFEN** wird eine schwere Kugel geworfen, die an einem Stahldraht hängt.
- **EISHOCKEY** wird mit einem flachen, scheibenförmigen Gegenstand gespielt, der Puck genannt wird.
- **LACROSSE**-Spieler*innen nutzen ein Netz, das an einem Stock befestigt ist, um einen festen Gummiball zu fangen.
- **BOULE** wird gespielt, indem man einen großen schwarzen Ball so nahe wie möglich an einen kleinen weißen Ball heran wirft.
- **MURMELN** spielt man mit kleinen, runden Glaskugeln.
- **PICKLEBALL** wird mit einem Ball mit vielen runden, gleichmäßig verteilten Löchern darin gespielt.
- **RUGBY** wird mit einem langgezogenen, ovalen Ball gespielt, der meistens weiß ist.
- Beim **KUGELSTOSSEN** wird ein kleiner, aber sehr schwerer Ball, genauer gesagt eine Metallkugel, geworfen.
- **SQUASH** wird mit einem kleinen Gummiball gespielt. Ein farbiger Punkt gibt an, wie schnell und hoch er springt.
- **TISCHTENNIS** wird mit einem kleinen, weißen Ball und einem Holzschläger gespielt.
- **TENNIS** wird mit einem Ball gespielt, der mit einer Art Fell überzogen und oft leuchtend gelb ist.
- **BOWLING** wird mit einem Ball gespielt, der zwei Fingerlöcher und ein Daumenloch hat.
- **VOLLEYBALL** wird mit einem Ball gespielt, der aus farbigen Lederstreifen besteht.

1.

2.

3.

4.

5.

6.

7.

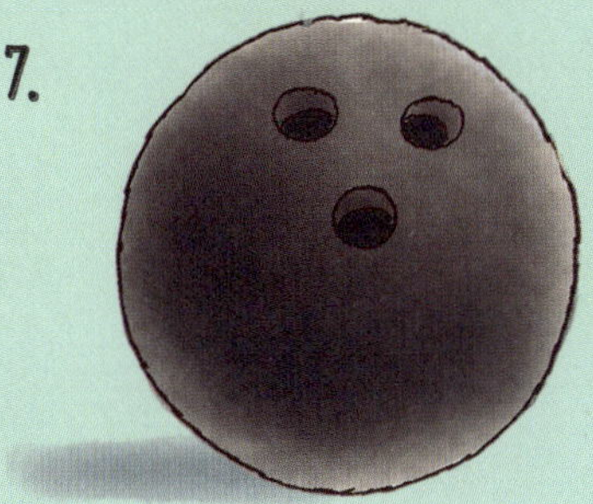

8.

9.

10.

11.

12.

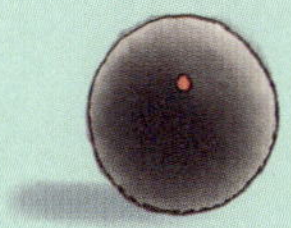

13.

14.

15.

16.

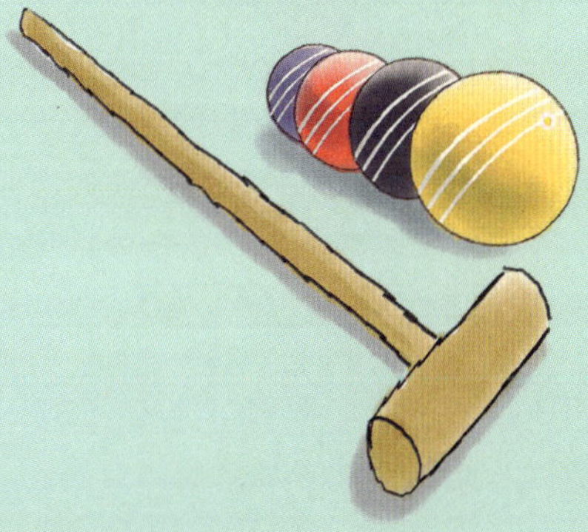

17.

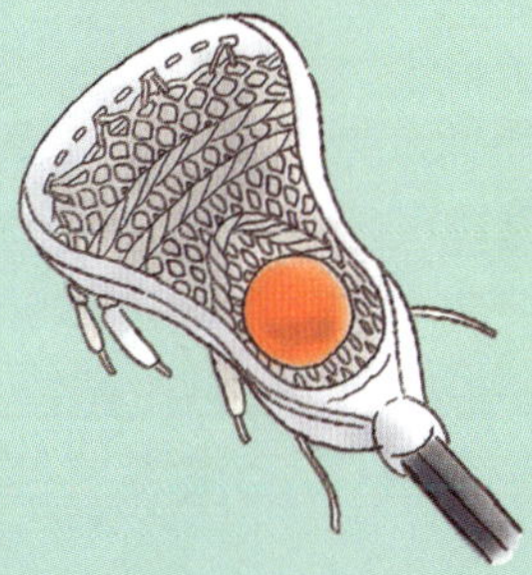

18.

19.

20.

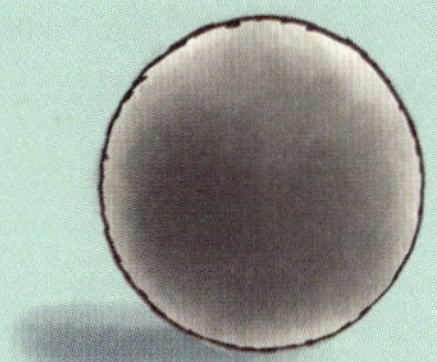

21.

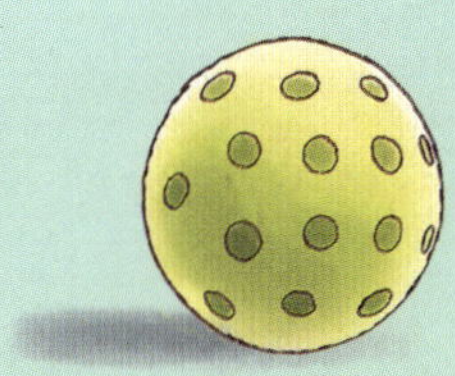

22.

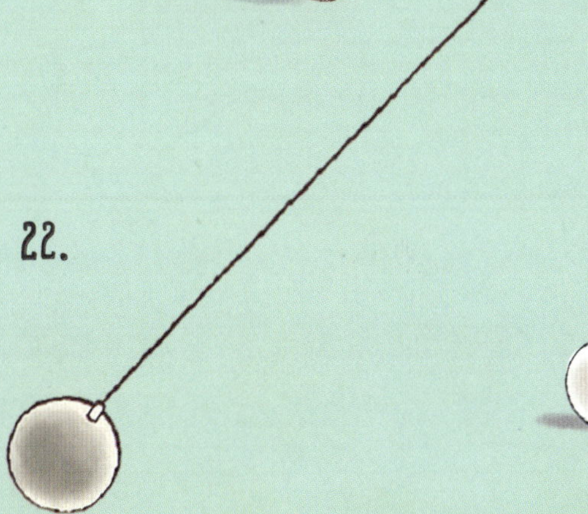

23.

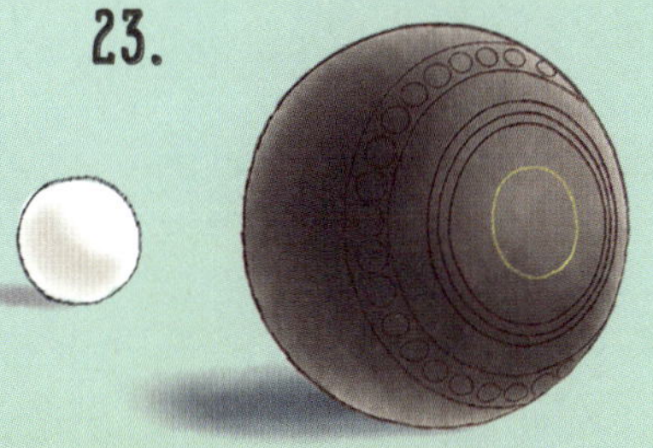

SPORTARTEN

LÖSUNGEN

1.

Ich spiele **AMERICAN FOOTBALL!** Es ist ein sehr schneller Sport und kann ziemlich brutal sein, da es zu viel Körperkontakt zwischen den Spieler*innen kommt.

2.

Ich spiele **BASKETBALL!** Diese Sportart wurde 1891 von einem Sportlehrer erfunden, der eine Sportart brauchte, die man im Winter in der Halle spielen kann.

3.

Ich spiele **TENNIS!** Bevor die Schläger erfunden wurden, haben die Leute ihre Hände benutzt, um den Ball über das Netz zu schlagen.

4.

Ich spiele **BASEBALL!** Das Baseballfeld wird wegen seiner Form auch „Diamant" genannt.

5.

Ich spiele **FUSSBALL!** Die Sportart heißt so, weil man den Ball mit den Füßen über das Spielfeld bewegt.

6.

Ich spiele **VOLLEYBALL!** Die Spieler*innen schlagen den Ball überwiegend mit den Händen und Armen über das Netz. Dabei kombinieren sie Elemente aus Tennis und Handball.

7.

Ich trete bei **BOWLING**-Wettbewerben an! Dieser Sport scheint eine sehr lange Tradition zu haben, da Wissenschaftler in einem ägyptischen Grab Pins und Bälle gefunden haben!

8.

Ich spiele **GOLF!** Das Ziel des Spiels ist es, den Ball mit so wenig Schlägen wie möglich in eine Reihe von Löchern zu schlagen.

9.

Ich spiele **BILLARD!** Mit einem Queue stoße ich kompakte Kugeln in die am Rand eines rechteckigen Tisches befindlichen Taschen, um sie darin zu versenken.

10.

Ich spiele **EISHOCKEY!** Die ersten Hockey-Pucks waren aus gefrorenem Kuhmist.

11.

Ich spiele **BADMINTON!** Professionelle Spieler*innen benutzen gerne Federbälle aus Gänsefedern.

12.

Ich spiele **SQUASH!** Die Sportart heißt Squash (englisch für quetschen), weil die Bälle beim Aufprall auf die Wände und Schläger „zusammengedrückt" werden.

13.

Ich spiele **CRICKET!** Die allererste internationale Sportveranstaltung überhaupt war ein Cricketspiel, bei dem im Jahr 1844 Kanada gegen die USA antrat.

14.

Ich spiele **RUGBY!** Rugby-Bälle sind oval, um sie leichter an andere Spieler*innen weiterreichen zu können.

15.

Ich spiele **TISCHTENNIS!** 1936 fand das längste Match statt, das zwei Stunden und zwölf Minuten dauerte!

16.

Ich spiele **KROCKET!** In seiner einfachsten Form geht es darum, den Ball mit einem Holzschläger durch eine Reihe von Toren zu schlagen.

17.

Ich spiele **LACROSSE!** Der vor allem in den USA und Kanada beliebte Mannschaftssport ist der älteste in Nordamerika und wird seit Tausenden von Jahren gespielt. Nach Deutschland gelangte das Spiel erst 1993.

18.

Ich nehme an **CURLING**-Turnieren teil! Diese Sportart wurde im Schottland des frühen 16. Jahrhunderts erfunden und bei Frost im Freien gespielt.

19.

Ich spiele **MURMELN!** Ziel ist, die eigenen Murmeln gegen die des Gegners so zu werfen, fallen zu lassen oder zu schnippen, dass sich diese nicht mehr im Ring befinden.

20.

Ich trete im **KUGELSTOSSEN** an! Es hat seinen Ursprung im Mittelalter, als die Menschen darum wetteiferten, Kanonenkugeln so weit wie möglich zu werfen.

21.

Ich spiele **PICKLEBALL!** Es kombiniert Elemente aus Badminton, Tischtennis und Tennis … und hat rein gar nichts mit Pickeln zu tun!

22.

Ich trete im **HAMMERWERFEN** an! Der Legende nach geht der Sport auf den keltischen Helden Cú Chulainn zurück, der um 2000 v. Chr. ein Wagenrad über seinem Kopf herumwirbelte, bevor er es warf.

23.

Ich trete beim **BOULE** an! Es heißt, dass Shakespeare im Elisabethanischen Zeitalter sehr gerne eine Partie Boule gespielt hat.

BENENNE DIESE

HUNDERASSE

JEDER HUND BESITZT EINEN RASSENAMEN, DER VON VERSCHIEDENEN DINGEN WIE DEM AUSSEHEN UND DER ART DER ZÜCHTUNG ABHÄNGT.

KANNST DU DIE HINWEISE ENTSCHLÜSSELN UND SCHAUEN, WIE VIELE HUNDERASSEN DU BENENNEN KANNST?

WENN EIN WORT **SO** GESCHRIEBEN IST, KOMMT ES EXAKT **so** IM NAMEN VOR. WENN EIN WORT **so** GESCHRIEBEN IST, IST ES EIN HINWEIS.

1. Ich habe ein **GOLDEN**es Fell und ich bin sehr gut darin, Dinge zu apportieren, was auf Englisch „**retrieve**" heißt.

2. Ich bin ein **SPANIEL**, der dafür gezüchtet wurde, die eurasische Waldschnepfe zu jagen, die auf Englisch „Wood**cock**" heißt.

3. Beim Spielen stehe ich gerne auf meinen Hinterbeinen und bewege meine Vorderbeine, als würde ich **boxen.**

4. Ich stamme ursprünglich aus **DEUTSCHland** und habe ganz **kurze Haare**.

5. Ursprünglich wurde ich gezüchtet, um Schafe (auf Englisch „**Sheep**") zu hüten, und stamme von den abgelegenen schottischen **SHETLAND**-Inseln.

6. Ich wurde nach dem Tier benannt, für dessen Jagd ich ursprünglich gezüchtet wurde: dem **DACHS.**

7. Ich bin ein **WINDHUND**, der aus den kalten Bergen **Afghanistans** stammt.

8. Ich bin ein Hund, der in England zum Aufspüren von Füchsen (englisch „**FOX**") eingesetzt wird.

9. Mein Name leitet sich von meiner bärtigen **SCHNAUZE** ab.

10. Ich bin eine **HUSKY**-Art, die vom in Sibirien (auf Englisch „**SIBERIAN**") lebenden Volk der Chukchi dafür gezüchtet wurde, ihre Schlitten zu ziehen.

11. Ich bin eine **DOGGE**, die nach dem sogenannten „**BULL**en-Beißen" benannt wurde.

12. Ich komme ursprünglich aus **DEUTSCHland** und wurde hier dazu gezüchtet, **Schafs**herden zu hüten.

13. Mein Name kommt von dem Begriff „**puddeln**", also im Wasser plantschen.

14. Ich bin ein **SPANIEL**, der sehr gut darin ist, hochzu**SPRINGEn**, um Vögeln hinterher zu jagen, und stamme ursprünglich aus **England.**

15. Ich wurde in einem Hospiz von einem Mönch namens **BERNHARD** von Menthon zur Bergrettung gezüchtet.

16. Ich wurde ursprünglich im kroatischen **Dalmatien** gezüchtet und es gibt einen ganzen Disneyfilm über mich.

17. Meine Vorfahren lebten im kanadischen **LABRADOR** und waren sehr gut im Apportieren.

18. Mein Name bedeutet im chinesischen Mandarin „Löwenhund".

19. Ich habe erstmals auf einer Insel vor der Ostküste Kanadas das Licht der Welt erblickt, die man einst „**New found Launde**" nannte, also „neu gegründetes Land".

20. Ich stamme ursprünglich aus der englischen Grafschaft **YORKSHIRE** und mein Name leitet sich vom lateinischen Wort „**terra**" ab, das „Erde" bedeutet.

HUNDERASSEN

LÖSUNGEN

1. Ich bin ein **GOLDEN RETRIEVER!** Ich wurde für mein „weiches Maul" gezüchtet und kann Gegenstände ganz vorsichtig aufheben.

2. Ich bin ein **COCKER SPANIEL!** Ich bin eine der kleinsten Spanielrassen und wurde ursprünglich als Jagdhund gezüchtet.

3. Ich bin ein **BOXER!** Mein Spitzname lautet „Peter Pan", wegen meiner verspielten Art.

4. Ich bin ein **DEUTSCH-KURZHAAR!** Ich deute auf Beute, indem ich erstarrt stehenbleibe und meine Nase auf einen bestimmten Punkt richte.

5. Ich bin ein **SHETLAND SHEEPDOG!** Manchmal werde ich auch „Toonie" genannt, weil „toon" das alte shetländische Wort für „Bauernhof" ist.

6. Ich bin ein **DACHSHUND!** Ich passe perfekt in einen Dachsbau und werde auch „Dackel" genannt.

7. Ich bin ein **AFGHANISCHER WINDHUND!** Ich wurde dafür gezüchtet, um Tiere wie Leoparden oder Gazellen zu jagen.

8. Ich bin ein **ENGLISH FOXHOUND!** Ich bin ein Spürhund, was bedeutet, dass ich vor allem mithilfe meines Geruchssinns jage.

9. Ich bin ein **SCHNAUZER!** Durch meinen Bart wirke ich sehr weise, was total einleuchtet, wenn man sich überlegt, dass ich einmal zu den zehn Prozent der schlauesten Hunderassen gehört habe!

10. Ich bin ein **SIBERIAN HUSKY!** Ich bin der ideale Schlittenhund, da ich ein dickes Unterfell besitze, das mich warmhält.

11. Ich bin eine **BULLDOGGE!** Ich wurde gezwungen, zur Unterhaltung der Menschen gegen Bullen zu kämpfen.

12. Ich bin ein **DEUTSCHER SCHÄFERHUND!** In den 1890er-Jahren habe ich noch die meiste Zeit über Schafe gehütet, doch heute bin ich vor allem als Polizeihund im Einsatz.

13. Ich bin ein **PUDEL!** Ich wurde eigentlich als Wasserhund gezüchtet, ich sollte also im Wasser meinem Besitzer apportieren.

14. Ich bin ein **ENGLISH SPRINGER SPANIEL!** Ich wurde für lange Tage im Feld gezüchtet, an denen ich Vögel aufscheuche, damit Jäger*innen sie schießen können.

15. Ich bin ein **BERNHARDINER!** Auch wenn ich vor allem für meine mutigen Bergrettungen bekannt bin, gehöre ich auch zu den sanftesten aller Hunderassen.

16. Ich bin ein **DALMATINER!** Ich trottete neben Kutschen her, um die Menschen und ihre Pferde vor Gefahren zu beschützen.

17. Ich bin ein **LABRADOR!** Ich liebe es, Dinge aus dem Wasser zu apportieren – und habe sogar Schwimmhäute, die mir das schnelle Schwimmen erleichtern!

18. Ich bin ein **SHIH TZU!** Der buddhistischen Mythologie zufolge kann ich mich in einen voll ausgewachsenen Löwen verwandeln!

19. Ich bin ein **NEUFUNDLÄNDER!** Kanadische Fischer verließen sich auf meine Stärke, wenn sie im Meer ihre Netze einholten.

20. Ich bin ein **YORKSHIRE TERRIER!** Ich wurde gezüchtet, um die Ratten in den Mühlen und Minen Yorkshires zu jagen.

BENENNE DIESES

GEBÄCK

GEBÄCK IST KÖSTLICH! ZUM GEBURTSTAG ODER ZUR HOCHZEIT, ES GIBT VERSCHIEDENE ARTEN FÜR JEDEN ANLASS, IN DER PASSENDEN GRÖSSE UND GESCHMACKSRICHTUNG.

LIES DIE SPEISEKARTE UND FINDE HERAUS, WIE VIELE KUCHENSTÜCKE DU ANHAND IHRER BESCHREIBUNG BENENNEN KANNST.

MENÜ

- **BANANENBROT** wird aus Bananen gemacht, und wenn man es aufschneidet, sieht es wirklich ein bisschen aus wie Brot.
- **BATTENBERGKUCHEN** enthüllt beim Aufschneiden ein Schachbrettmuster aus gelben und rosafarbenen Quadraten.
- Das gesuchte Stück **BAUMKUCHEN** sieht so ähnlich aus wie die Scheibe aus einem Baumstamm.
- **SCHWARZWÄLDER KIRSCHTORTE** ist eine Sahnetorte mit Schokoladenbiskuitböden, garniert mit Kirschen
- **BOSTON CREAM PIE** ist ein Kuchen mit einer Schicht Sahne oder Vanillecreme in der Mitte, überzogen mit Schokolade.
- Der gesuchte **KAROTTENKUCHEN** wird mit Frischkäseglasur und kleinen Karotten verziert.
- **CASTELLA** ist ein hoher Honigbiskuit und unser gesuchtes Stück wurde zum Rechteck geschnitten.
- **SCHOKOLADENKUCHEN** ist ein Schokobiskuit mit einer leichten Schokofüllung und Schokoguss.
- Das gesuchte Stück **DOBOSTORTE** wurde in ein dreieckiges Stück geschnitten und mit Karamellsplittern garniert.
- Das gesuchte Stück **DONAUWELLE** wurde mit einem grünen Blatt garniert.
- Das gesuchte Stück **FRUCHTSTOLLEN** ist mit Rosinen und Kirschen gefüllt.
- **DEUTSCHER APFELKUCHEN** wird mit Apfelstücken belegt. Das gesuchte Stück wurde zum Dreieck geschnitten.
- **HUMMINGBIRD-KUCHEN** besteht aus zwei Schichten braunem Biskuitboden, überzogen mit Frischkäseglasur und Nüssen.
- Das gesuchte Stück **KRANSEKAKE** besteht aus drei Ringen und wurde mit einer weißen Eiweißspritzglasur verziert.
- **KUE PUTU** ist ein grüner Biskuitboden mit frisch geraspelter Kokosnuss.
- **LAMINGTON** ist ein mit Schokolade überzogener und mit weißen Kokosraspeln bestreuter Vanillebiskuitboden.
- Bei einem **MARMORKUCHEN** werden helle und dunkle Teige zu einem Muster verrührt.
- **PINEAPPLE-UPSIDE-DOWN-KUCHEN** wird mit Ananasringen und Cocktailkirschen belegt.
- **RED VELVET CAKE** besteht aus drei Schichten rotem Biskuitboden und ist mit weißem Frischkäsefrosting gefüllt.
- **REVANI** wird mit gehackten Pistazien bestreut. Das gesuchte Stück wurde zu einem Rechteck geschnitten.
- **BISKUITROLLE** ist mit Schlagsahne gefüllter und zur Spirale gerollter Biskuit.
- Das gesuchte Stück **LAPIS LEGIT** besteht aus zehn Schichten braunem Gewürzbiskuit.
- **TRES LECHES** ist ungewöhnlich hell und das gesuchte Stück wurde mit einer Schicht Sahne und einer Erbeere garniert.
- **VICTORIA SANDWICH** besteht aus zwei Lagen Vanillebiskuit, gefüllt mit Marmelade und Schlagsahne.

1.

2.

3.

4.

5.

6.

7.

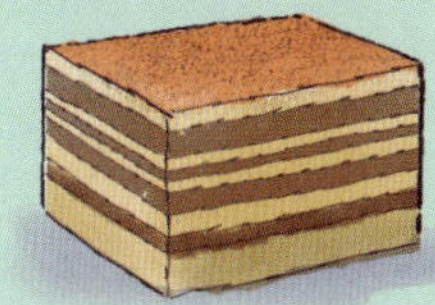

8.

9.

10.

11.

12.

13.

14.

15.

16.

17.

18.

19.

20.

21.

22.

23.

24.

GEBÄCK

LÖSUNGEN

1.

Eine **BISKUITROLLE!** Niemand weiß so genau, woher das Rezept stammt, aber man geht davon aus, dass es entweder aus Österreich oder Slowenien kommt.

2.

Ein **BATTENBERGKUCHEN!** Er wurde 1884 anlässlich der Hochzeit von Prinz Ludwig von Battenberg und Prinzessin Viktoria gebacken.

3.

Ein **LAMINGTON!** Dieser Kuchen ist ein kulinarisches Wahrzeichen Australiens – er hat sogar seinen eigenen nationalen Feiertag!

4.

SCHWARZWÄLDER KIRSCHTORTE! Für die weltgrößte Schwarzwälder Kirschtorte, die 2006 in Deutschland gebacken wurde, hat man 5.600 Eier benötigt.

5.

Ein **DEUTSCHER APFELKUCHEN!** Für ihn können verschiedene Apfelsorten verwendet werden, die ihm einen säuerlichen bis süßen Geschmack verleihen.

6.

Ein **FRUCHTSTOLLEN!** Das älteste Rezept stammt aus der Zeit der Alten Römer.

7.

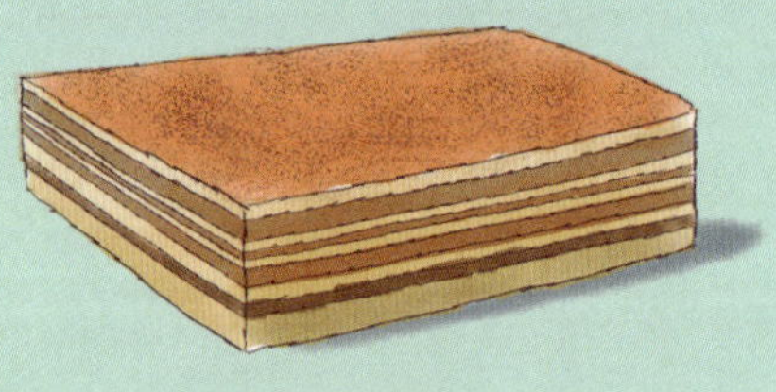

Ein **LAPIS LEGIT!** Die Niederländer nennen ihn „Spekkoek", also Speckkuchen, weil die Schichten aussehen wie Speck.

8.

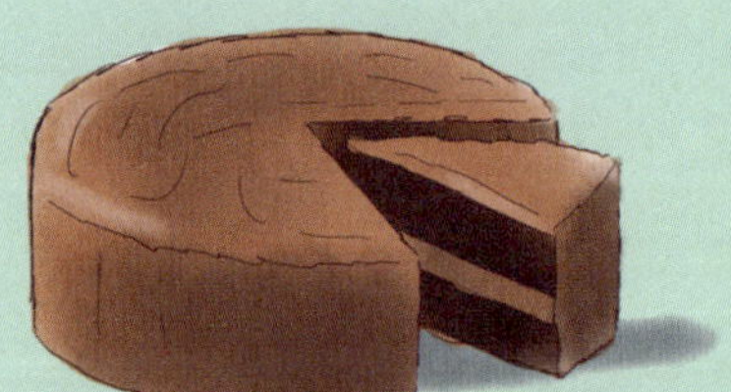

Ein **SCHOKOLADENKUCHEN!** Das älteste Rezept überhaupt wurde 1847 von der Amerikanerin Eliza Leslie veröffentlicht.

9.

Ein **PINEAPPLE-UPSIDE-DOWN-KUCHEN!** Er wird in nur einer einzigen Form gebacken, dann umgedreht und mit dem Boden nach oben gegessen.

10.

Ein **RED VELVET CAKE!** Während des Zweiten Weltkriegs nutzten Bäcker*innen für die Farbe Rote Bete, da sie keinen Zugang zu Lebensmittelfarbe hatten.

11.

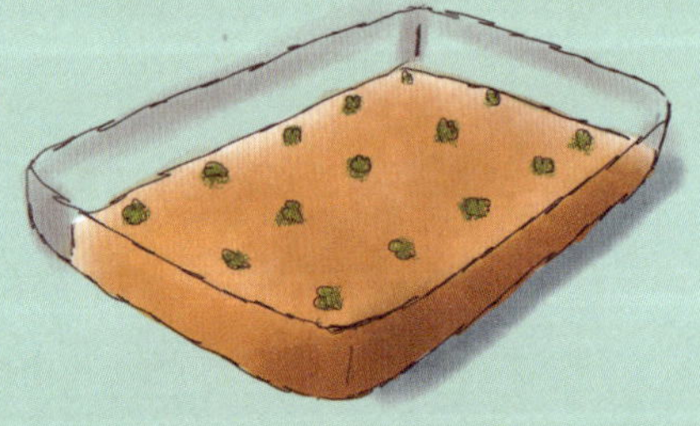

Ein **REVANI!** Er wurde nach einem türkischen Dichter benannt, der von 1475 bis 1524 gelebt hat und für seine Verse über Essen bekannt war

12.

Eine **DOBOSTORTE!** Ein ungarischer Biskuitkuchen. Das Rezept enstand in einer Zeit, in der es noch keine Kühlschränke gab. Deshalb hält er länger als andere Kuchen.

13.

Ein **KAROTTENKUCHEN!** Viele Ernährungshistoriker glauben, dass dieser Kuchen von dem Karottenpudding stammt, den die Menschen im Mittelalter gegessen haben.

14.

Ein **BOSTON CREAM PIE!** Dieser Kuchen wurde nach der Stadt in Massachusetts, USA, benannt, wo sein Rezept 1856 geschrieben wurde.

15.

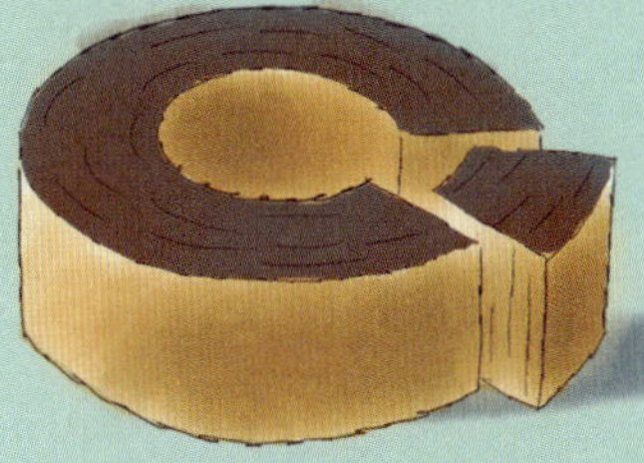

Ein **BAUMKUCHEN!** Er hat seinen Namen von den Schichten aus Biskuit, die aussehen wie Baumscheiben und auch in anderen Ländern behält er seinen deutschen Namen.

16.

Ein **VICTORIA SANDWICH!** Dieser Kuchen wurde nach Queen Victoria benannt, die gerne ein Stück davon zu ihrem Nachmittagstee aß.

17.

Ein **MARMORKUCHEN!** Seine „Marmorierung" erhält er, indem vor dem Backen ein heller und ein dunkler Teig leicht miteinander vermischt werden.

18.

TRES LECHES! Dieser Kuchen besteht aus drei Arten von Milchprodukten: Kondensmilch, Kaffeesahne und Milch.

19.

Ein **KRANSEKAKE!** In Skandinavien wird er häufig zu besonderen Anlässen wie Hochzeiten gegessen.

20.

Ein **CASTELLA!** Der Name dieses Honigkuchens leitet sich vom Portugiesischen Pão de Castela ab, was „Brot aus Spanien" bedeutet.

21.

Ein **HUMMINGBIRD CAKE!** Dieser Bananen-Ananas-Gewürz-Kuchen stammt aus Jamaika.

22.

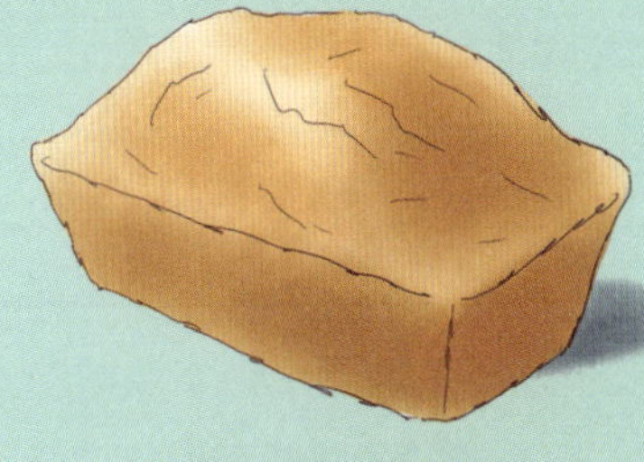

Ein **BANANENBROT!** Dieser Kuchen ist so beliebt, weil er so einfach zuzubereiten ist.

23.

Ein **KUE PUTU!** Normalerweise wird er auf den Straßen Indonesiens verkauft und aus grünen Pandanblättern und Reismehl zubereitet und gedünstet.

24.

Eine **DONAUWELLE!** Dieser Kuchen ist in Österreich und Deutschland sehr beliebt und hat seinen Namen von dem Fluss Donau.

BENENNE DIESES

GERICHT

DIE ZUTATEN AUF DIESER SEITE WERDEN IN BELIEBTEN GERICHTEN AUS ALLER WELT VERWENDET.

KANNST DU DAS GERICHT BENENNEN? JEDES WURDE ZUSAMMEN MIT SEINEN JEWEILIGEN ZUTATEN AUF DER SPEISEKARTE AUFGELISTET.

MENÜ

◆ **FILET WELLINGTON** Rinderfilet, Blätterteig, Leberpastete.
→ **CARBONARA** Eier, Speck, Parmesankäse, Spaghetti.
● **CEASAR SALAD** Hühnchen, Croutons, Kopfsalat, Parmesankäse.
⁘ **CHICKENCURRY** Kokosmilch, Hähnchen, Currypulver, Zwiebel.
▷ **FAJITAS** Hühnchen, Zwiebel, Paprika, Tortilla.
◆ **FRANZÖSISCHE ZWIEBELSUPPE** Brottasse, Gruyère-Käse, Zwiebel, Brühe.
→ **GUA BAO** Ofenbrötchen, Erdnüsse, eingelegte Senfblätter, Schweinebauch.
● **HAMBURGER** Rindfleisch-Patty, Brötchen, Käsescheiben, Kopfsalat, Tomatenscheiben.
⁘ **KÄSEMAKKARONI** Paniermehl, Käsesoße, Nudeln.
▷ **NUSSBRATEN** Linsen, Pilze, Nüsse, Teig.
◆ **PAELLA** Miesmuscheln, Garnelen, Reis, Brühe, Tomaten.
→ **PFANNKUCHEN** Eier, Mehl, Milch, Öl.
● **PEKINGENTE** Ente, Hoisin-Soße, Pfannkuchen, Frühlingszwiebeln.
⁘ **PHO** Rindfleisch, Brühe, Reisnudeln.
▷ **PIZZA** Basilikum, Hefeteig, Mozzarella, Tomatensoße.
◆ **POUTINE** Käsebruch, Pommes frites, Bratensoße.
→ **RISOTTO** Butter, Petersilie, Risottoreis.
● **SHAKSHUKA** Eier, Knoblauch, Zwiebel, Tomaten.
⁘ **SUSHI** Algenblätter, Reis, Lachs.
▷ **TACOS** Schwarze Bohnen, Cheddar-Käse, Tortillas, Tomaten.

1.

2.

3.

4.

5.

6.

7.

8.

9.

10.

11.

12.

13.

14.

15.

16.

17.

18.

19.

20.

GERICHT

LÖSUNGEN

1.

KÄSEMAKKARONI! Dieses leckere Ofengericht soll im Italien des 13. Jahrhunderts das erste Mal gekocht worden sein.

2.

SUSHI! Dieses Gericht wurde vor etwa zweihundert Jahren in Japan erfunden. Die Hauptzutat von Sushi ist Sushireis.

3.

PIZZA! Die moderne Form stammt aus Neapel, Italien, auch wenn Fladenbrote mit Belag bereits in der Antike gegessen wurden.

4.

GUA BAO! Das Schweinebauch-Brötchen stammt aus der chinesischen Provinz Fujian und wurde später in Taiwan zu einem beliebten Straßenessen.

5.

CEASAR SALAD! Der italienische Koch Caesar Cardini bereitete diesen schmackhaften Salat das erste Mal in den 1920er-Jahren in Mexiko zu.

6.

FRANZÖSISCHE ZWIEBELSUPPE! Auch wenn dieses Gericht schon seit der Antike gekocht wird, stammt das heutige Rezept vom französischen König Ludwig.

7.

SHAKSHUKA! Dieses Gericht, das seinen Ursprung in Nordafrika und dem Mittleren Osten hat, ist voller Gewürze und schmeckt zu jeder Tageszeit.

8.

PEKINGENTE! Dieses geschmack- und gehaltvolle Gericht stammt aus dem China des 13. Jahrhunderts, also aus der Ming-Dynastie.

9.

FILET WELLINGTON! Der Ursprung dieses Gerichts ist nicht genau bekannt, doch es könnte nach dem heldenhaften britischen Duke of Wellington benannt sein … oder auch aus Frankreich stammen!

10.

FAJITAS! In den 1930er-Jahren wurden Fajitas zum ersten Mal von mexikanischen Viehzüchtern zubereitet, die im Grenzgebiet zwischen Mexiko und Texas lebten.

11.

POUTINE! Das Rezept dieses einzigartigen Gerichts aus Pommes frites, Käsebruch und Bratensoße wurde in den 1950er-Jahren in der kanadischen Provinz Quebec kreiert.

12.

PAELLA! Dieses köstliche Reisgericht wurde nach der Pfanne benannt, in der sie zubereitet wird. In seiner heutigen Form stammt sie aus der spanischen Stadt Valencia.

13.

CARBONARA! Der Ursprung dieses leckeren Pastagerichts ist nicht bekannt, aber man glaubt, dass es aus dem Rom der 1940er stammt.

14.

CHICKENCURRY! Dieses ursprünglich aus Indien stammende Gericht ist voller Geschmack und Gewürze. Man kann es sehr mild, aber auch sehr scharf zubereiten.

15.

PHO! Das Rezept für diese nahrhafte Reisnudelsuppe kam irgendwann zwischen dem späten 19. und dem frühen 20. Jahrhundert im nördlichen Vietnam auf.

16.

PFANNKUCHEN! Bereits die Römer und Griechen aßen pfannkuchenartige Gerichte und es ist sehr wahrscheinlich, dass man sie sogar bereits in prähistorischen Zeiten aß.

17.

TACOS! Man weiß, dass ihr Rezept in Mexiko entstand, doch der genaue Zeitpunkt ist unbekannt – möglicherweise in präkolumbischen Zeiten.

18.

NUSSBRATEN! Dieses Gericht entstand im frühen 20. Jahrhundert als vegetarische Alternative zu fleischbasiertem Essen.

19.

RISOTTO! Dieses aus einer bestimmten Reissorte wie Arborio zubereitete Gericht entstand im nördlichen Italien des frühen 19. Jahrhunderts.

20.

HAMBURGER! Der oder die Erfinder*in ist unbekannt, doch die ersten Hamburger sollen in den USA des späten 19. Jahrhunderts aufgekommen sein.

BENENNE DIESE

VOGELART

ALLE VÖGEL SIND VON FEDERN BEDECKT, DIE VON GROSSER BEDEUTUNG SIND, DA SIE IHNEN DAS FLIEGEN ERMÖGLICHEN ODER SCHUTZ VOR KÄLTE BIETEN.

WIE VIELE VÖGEL KANNST DU ANHAND DER HINWEISE EINER IHRER FEDERN ZUZUORDNEN?

HINWEISE

◆ Die Feder eines **BUSSARDS** ist überwiegend grau-braun, doch auf einer Seite zur Hälfte weiß.
→ Die Feder eines **KARDINALS** ist lang und rot.
● Die Feder eines **HUHNS** ist überwiegend schwarz mit einer orangefarbenen Unterseite.
✲ Die Feder eines **FLAMINGOS** ist hellrosa.
▷ Die Feder eines **GOLDFINKS** ist überwiegend grau mit einem kleinen Teil weiß und einem kleinen Teil gelb.
◆ Die Feder eines **WIEDEHOPFS** ist tiefschwarz mit weißen Streifen.
→ Die Feder eines **KOLIBRIS** schimmert grün.
● Die Feder eines **EICHELHÄHERS** ist schwarz mit blauen Streifen auf einer Seite.
✲ Die Feder eines **EISVOGELS** ist blau mit einer schwarzen Unterseite.
▷ Die Feder eines **KIWIS** ist hellbraun und sehr flauschig.
◆ Die Feder eines **LORIS** sieht aus, als hätte man sie zuerst in rote, dann in gelbe und dann in grüne Farbe getunkt.
→ Die Feder eines **BLAUARAS** weist verschiedene Blautöne auf.
● Die Feder eines **ELSTER** hat einen langen weißen Streifen auf einer Seite und ist auf der anderen Seite leicht grün.
✲ Die Feder eines **STRAUSSES** ist schwarz und sehr flauschig.
▷ Die Feder eines **PAPAGEIS** sieht aus, als hätte man sie in rote, dann in gelbe und dann in schwarze Farbe getunkt.
◆ Die Feder eines **PFAUS** ist grün und blau und hat ein Muster darauf, das aussieht wie ein Auge.
→ Die Feder eines **PINGUINS** ist grau und sehr flauschig.
● Die Feder eines **FASANS** ist weiß mit dunkleren, pfeilartigen Flecken.
✲ Die Feder einer **TAUBE** ist überwiegend weiß und grau mit einem Spritzer Schwarz auf der Oberseite.
▷ Die Feder eines **RABEN** ist schwarz und glänzt.
◆ Die Feder eines **ROTMILANS** ist braun mit schwarzen Streifen auf einer Seite und einem kleinen Teil weiß.
→ Die Feder eines **SCHWANS** ist lang und weiß.
● Die Feder eines **WALDKAUZES** ist hellbraun mit dunklen Streifen.
✲ Die Feder eines **TUKANS** ist schwarz mit einem roten Streifen auf einer Seite.

1. 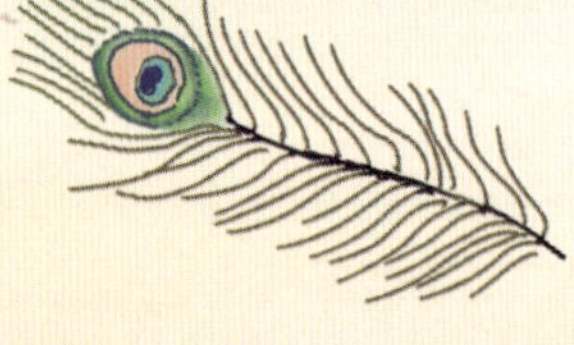

2. 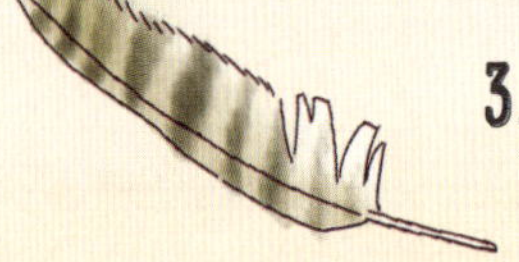

3. 

4. 

5.
6.
7.
8.
9.
10.
11.
12.
13.
14.
15.
16.
17.
18.
19.
20.
21.
22.
23.
24.

VOGELARTEN

LÖSUNGEN

1.

Ich bin ein **PFAU!** Mein Rad aus metallisch grünen Schwanzfedern macht 60 % meiner gesamten Körpergröße aus.

2.

Ich bin ein **WALDKAUZ!** Ich lebe überwiegend in Wäldern, kann mich aber eigentlich an jeden Lebensraum anpassen, in dem Bäume stehen.

3.

Ich bin ein **WIEDEHOPF!** Ich nutze meinen langen, nach unten gebogenen Schnabel dazu, in Tierkot und Misthaufen nach Insekten und Spinnen zu suchen.

4.

Ich bin ein **BLAUARA!** Mein lautes Rufen und Kreischen hallt durch den gesamten Wald. Ich bin sogar dafür bekannt, dass ich die menschliche Sprache nachahmen kann.

5.

Ich bin ein **KOLIBRI!** Ich bin der einzige Vogel, der rückwärts fliegen kann, was besonders nützlich ist, wenn ich auf der Suche nach Nektar bin, um ihn zu trinken.

6.

Ich bin ein **FLAMINGO!** Ich bin ein sogenannter Filtrierer. Ich lasse meinen Kopf nach unten hängen, um Pflanzen und Tiere zu fressen, die in seichtem Gewässer leben.

7.

Ich bin ein **EICHELHÄHER!** Ich bin dafür bekannt, dass ich gerne Eicheln fresse und diese im Herbst vergrabe, um mir einen Vorrat für den Winter anzulegen.

8.

Ich bin eine **ELSTER!** Ich bin so intelligent, dass ich sogar den Spiegel-Test bestanden habe: Ich erkenne mich selbst in einem Spiegel und verstehe, dass es meine eigene Reflektion ist.

9.

Ich bin ein **GOLDFINK!** Die Form meines Schnabels erlaubt es mir, an schwer erreichbare Samen in Karden und Disteln zu kommen.

10.

Ich bin ein **BUSSARD!** Ich bin ein Greifvogel, was bedeutet, dass ich andere Tiere wie Vögel, Mäuse oder andere Nagetiere jage.

11.

Ich bin ein **PAPAGEI!** Meine Füße sind zygodactyl, was bedeutet, dass ich vier Zehen besitze, von denen je zwei nach vorne und zwei nach hinten zeigen.

12.

Ich bin ein **RABE!** Auch wenn ich den Ruf habe, ziemlich gemein zu sein, bin ich doch in der Lage, Mitgefühl zu haben und Gefühle anderer zu verstehen und nachzuempfinden.

13.

Ich bin ein **FASAN!** Auch wenn ich auf kurzen Strecken durchaus schnell fliegen kann, bevorzuge ich es zu rennen. Doch wenn man mich erschreckt, fliege ich fluchtartig in den Himmel hinauf.

14.

Ich bin ein **SCHWAN!** Ich gehe Bindungen ein, die oft ein Leben lang halten. Beim Küssen berühren sich unsere Schnäbel und unsere Hälse formen ein Herz.

15.

Ich bin ein **HUHN!** Ich stamme von den Dinosauriern ab und Wissenschaftler glauben, dass ich der nächste lebende Verwandte des furchteinflößenden Tyrannosarurus rex bin.

16.

Ich bin ein **KARDINAL!** Ich bin knallrot, weil ich Samen und Früchte esse, die rote Farbstoffe enthalten.

17.

Ich bin ein **EISVOGEL!** Ich lebe in der Nähe von langsam fließenden oder stehenden Gewässern wie Bäche oder Seen und wenn ich Fische jage, bewege ich mich sehr schnell.

18.

Ich bin ein **LORI!** Bei uns ist es schwer, Männchen von Weibchen zu unterscheiden, weil wir beinahe identisch aussehen.

19.

Ich bin ein **PINGUIN**! Ich kann nicht fliegen, dafür aber gut schwimmen. Ich gehe etwa 200 mal am Tag auf Tauchgang.

20.

Ich bin ein **STRAUSS!** Ich habe ein ausgezeichnetes Sehvermögen. Meine riesigen Augen sind sogar größer als mein Gehirn.

21.

Ich bin ein **KIWI!** Ich bin der einzige Vogel mit Nasenlöchern am Ende meines Schnabels. Mein Geruchssinn ist ganz ausgezeichnet.

22.

Ich bin ein **ROTMILAN!** Ich jage, indem ich in der Luft segelnd meine Kreise ziehe, und ich kann stundenlang dort oben bleiben.

23.

Ich bin ein **TUKAN!** Mein Schnabel macht etwa die Hälfte meiner gesamten Körperlänge aus und ich nutze ihn, um damit an Früchte auf weit entfernten Ästen zu kommen.

24.

Ich bin eine **TAUBE!** Ich bin sehr gut im Navigieren und bin dafür bekannt, aus erstaunlichen 2.000 Kilometern Entfernung meinen Weg nach Hause zu finden.

WENN EIN WORT **SO** GESCHRIEBEN IST, KOMMT ES EXAKT **so** IM NAMEN VOR. WENN EIN WORT **so** GESCHRIEBEN IST, IST ES EIN HINWEIS.

BENENNE DIESES

MUSIK-INSTRUMENT

EINEN GEGENSTAND, MIT DEM MAN MUSIK MACHEN KANN, NENNT MAN EIN MUSIKINSTRUMENT.

LIES DIE HINWEISE UND FINDE HERAUS, WIE VIELE MUSIKINSTRUMENTE DU BENENNEN KANNST.

1. Ich bin ein **HORN**, das man in einer älteren Form vor über 350 Jahren bei der Jagd im **WALD** gespielt hat.

2. Ich bin ein Instrument aus Stahl, das man wie eine **TROMMEL** spielt.

3. Wenn man meine Tasten drückt, die man im Englischen „**KEYs**" nennt, spiele ich unterschiedliche Töne.

4. Mein Name besteht aus den griechischen Wörtern „**XYLOn**" für „Holz" und „**PHONe**" für „Klang".

5. Mein Name kommt von dem Wort **AKKORD**.

6. Mein Name kommt vom lateinischen Wort „cymbalum" und ich bin **BECKENförmig**.

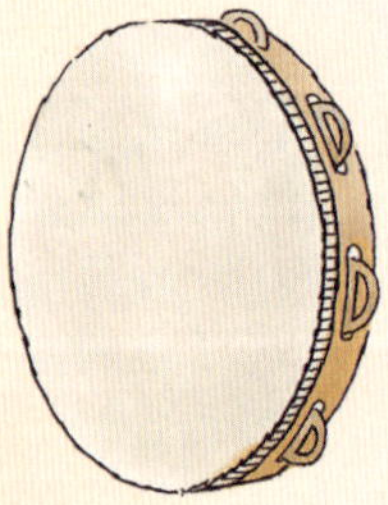

7. Mein Name kommt vom französischen Wort „**TAMBOURINe**"

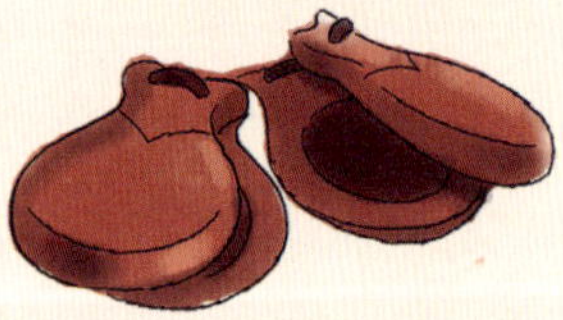

8. Mein Name kommt vom lateinischen Wort „**castanea**".

9. Eine Person, die mich schüttelt, nennt man auf Spanisch einen „**maraquero**".

10. Eine Person, die mit den Händen auf mich schlägt, nennt man einen „**conguero**".

11. Eine Person, die mich spielt, nennt man **PIAN**ist*in.

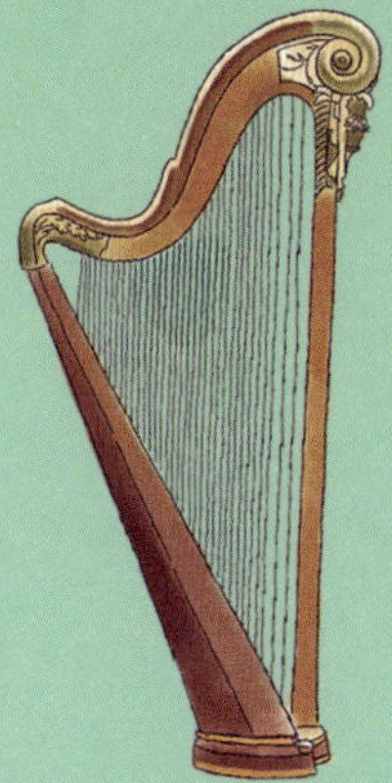

12. Mein Name kommt vom altenglichen Wort „**hearpe**“.

13. Eine Person, die mich spielt, nennt man **QUERFLÖT**ist*in.

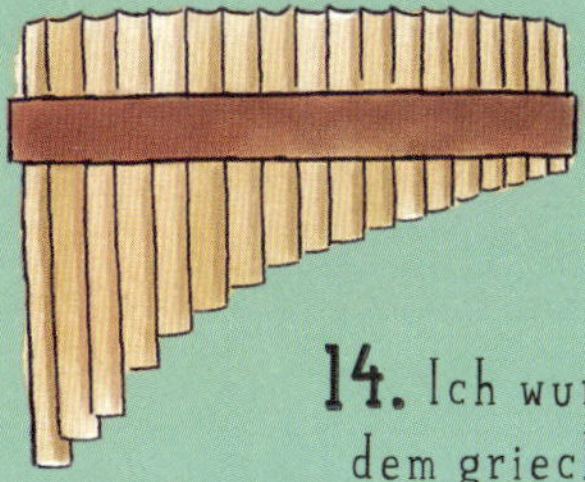

14. Ich wurde nach dem griechischen Gott **PAN** benannt.

15. Mein Name kommt von dem lateinischen Wort „**HARMONIcus**“.

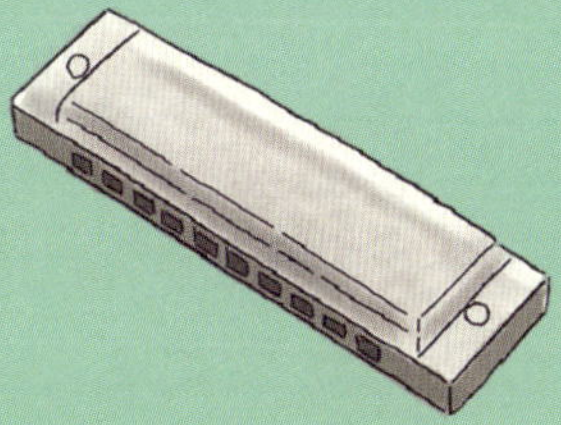

16. Ich bin ein einfaches Blasinstrument und mein Mundstück nennt man „**BLOCK**“.

17. Mein Name bezieht sich auf meine dreieckige Form.

18. Mein Name stammt von meinem Erfinder Adolphe **SAX**.

19. Ich bin ein großes Instrument und mein Name ist die Kurzform von „**violonCELLO**“.

20. Mein Name kommt von dem italienischen Wort „**VIOLINo**“.

21. Mein Name kommt vom spanischen Wort „**guitarra**“.

22. Man glaubt, dass mein Name aus der westafrikanischen Sprache stammt, die auch der gambischen Hauptstadt ihren Namen gegeben hat: **Banjul**.

23. Mein Name kommt von dem persischen Wort „**sehtar**“.

24. Mein Name kommt vom lateinischen Wort „**clario**“.

25. Ich bin ein Blasinstrument, das aus einem **SACK** mit Pfeifen daran besteht.

MUSIK-INSTRUMENTE

LÖSUNGEN

1. Ich spiele das **WALDHORN!** Ich blase Luft durch das Mundstück und bediene mit der einen Hand die Ventile, während sich die andere im Schallbecher befindet.

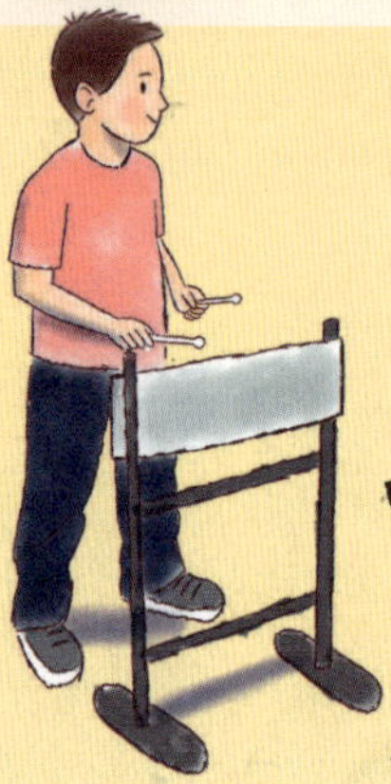

2. Ich spiele die **STEEL DRUM!** Um Töne zu erzeugen, streiche ich mit Schlägeln, die Gummiköpfe haben, über die Trommel.

3. Ich spiele das **KEYBOARD!** Ich benutze meine Finger und Daumen beider Hände, um die schwarzen und weißen Tasten zu drücken.

4. Ich spiele das **XYLOPHON!** Ich erzeuge Töne, indem ich mit kleinen Schlägeln auf die Klangplatten aus Holz schlage.

5. Ich spiele das **AKKORDEON!** Während ich den Balg auseinanderziehe und wieder zusammendrücke, bediene ich mit den Fingern die Tasten.

11. Ich spiele das **PIANO!** Ich drücke mit den Fingern die Tasten, um Melodien zu erzeugen, und trete die Pedale, um die Lautstärke anzupassen.

12. Ich spiele die **HARFE!** Ich zupfe mit den Fingern an den Saiten meiner Harfe. Manche von ihnen haben auch Pedale.

13. Ich spiele die **QUERFLÖTE!** Ich halte meine Flöte quer und blase über das Mundstück, während ich die Finger auf die Klappen drücke, um eine Melodie zu erzeugen.

14. Ich spiele die **PANFLÖTE!** Ich halte das Instrument in beiden Händen, lege meine Lippen auf die Oberseite der Flöte und blase hinein.

20. Ich spiele die **VIOLINE!** Ich lege meine Finger auf das Griffbrett, während ich mit der anderen Hand den Bogen über die Saiten ziehe.

21. Ich spiele die **GITARRE!** Ich lege meine Finger auf das Griffbrett, um einen Akkord zu spielen und schlage dann mit der anderen Hand die Saiten an.

22. Ich spiele das **BANJO!** Ich erzeuge Musik, indem ich die Saiten anschlage oder mit einem flachen Gegenstand, dem Fingerpick, an ihnen zupfe.

6. Ich spiele das **BECKEN!** Ich halte die Handriemen fest in den Händen und schlage die beiden Becken aneinander, um einen lauten Ton zu erzeugen.

7. Ich spiele das **TAMBURIN!** Man kann es entweder in der Luft schütteln oder mit einer Hand oder einem Fuß dagegen schlagen.

8. Ich spiele die **KASTAGNETTEN!** Jede Kastagnette besteht aus zwei Holzstücken, die mit einer Schnur miteinander verbunden sind. Ich schlage sie mit den Fingern gegeneinander.

9. Ich spiele die **MARACAS!** Ich halte diese Schlaginstrumente an den Griffen und schüttle sie zu einem rhythmischen Takt.

10. Ich spiele die **CONGA!** Ich erzeuge mit den Handflächen oder Fingern unterschiedliche Töne auf der Trommel.

15. Ich spiele die **MUNDHARMONIKA!** Ich halte sie zwischen den Lippen und erzeuge Musik, indem ich entweder hinein puste oder Luft heraussauge.

16. Ich spiele die **BLOCKFLÖTE!** Ich lege meine Finger über die Löcher der Flöte und puste ins Mundstück.

17. Ich spiele die **TRIANGEL!** Ich halte die Triangel an einer Schnur hoch und schlage mit einem Stahlstab dagegen.

18. Ich spiele das **SAXOPHON!** Ich blase Luft durch das Mundstück, um die Blattschraube zum Vibrieren zu bringen, während ich mit den Fingern auf die Klappen drücke.

19. Ich spiele das **CELLO!** Ich sitze und platziere meine Finger auf dem Griffbrett und erzeuge mit einem Bogen Töne.

23. Ich spiele die **SITAR!** Mit den Fingern einer Hand zupfe ich an den Saiten, mit den Fingern der anderen Hand drücke ich am Hals dagegen oder ziehe an ihnen.

24. Ich spiele die **KLARINETTE!** Ich blase mit den Fingern auf den Tasten in das Mundstück und bringe so die Blattschraube zum Vibrieren.

25. Ich spiele den **DUDELSACK!** Ich blase Luft in den Sack und presse sie wieder aus den Pfeifen heraus, während ich meine Finger auf die Löcher lege.

WENN EIN WORT SO GESCHRIEBEN IST, KOMMT ES EXAKT so IM NAMEN VOR. WENN EIN WORT so GESCHRIEBEN IST, IST ES EIN HINWEIS.

BENENNE DIESES

REPTIL

REPTILIEN SIND WECHSELWARME TIERE, DIE FÜR IHRE SCHUPPEN UND IHRE EIGENSCHAFT, EIER ZU LEGEN, BEKANNT SIND.

LIES DIE HINWEISE UND FINDE HERAUS, WIE VIELE REPTILIEN DU ANHAND IHRER SKELETTE BENENNEN KANNST.

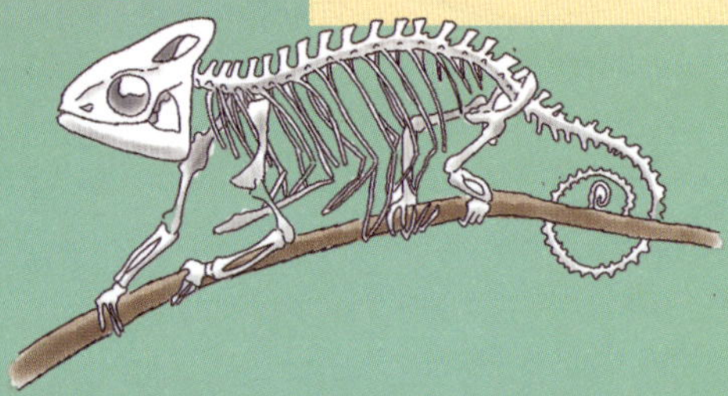

1. Ich bin eine Echse der „Alten Welt" und gehöre zur Familie der **Chamaeleonidae**.

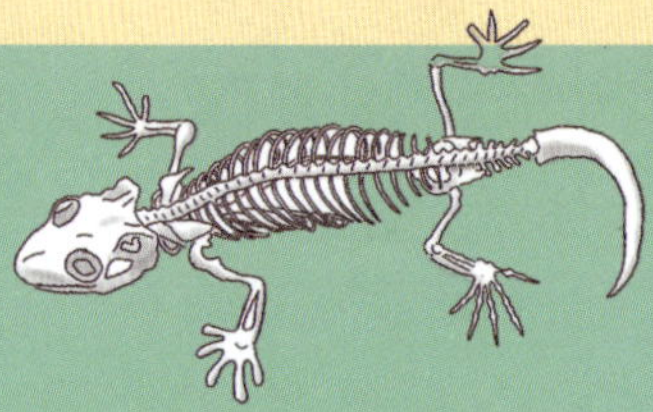

2. Ich bin eine Echse und gehöre zur Familie der **Gekkonidae**.

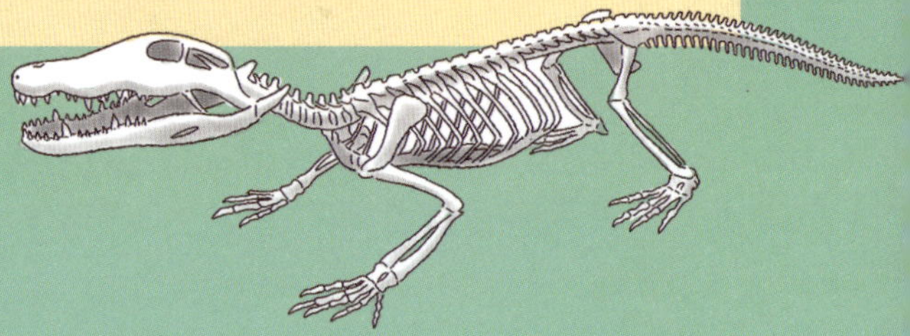

3. Ich bin ein semiaquatisches Tier und gehöre zur Familie der **Crocodylidae**.

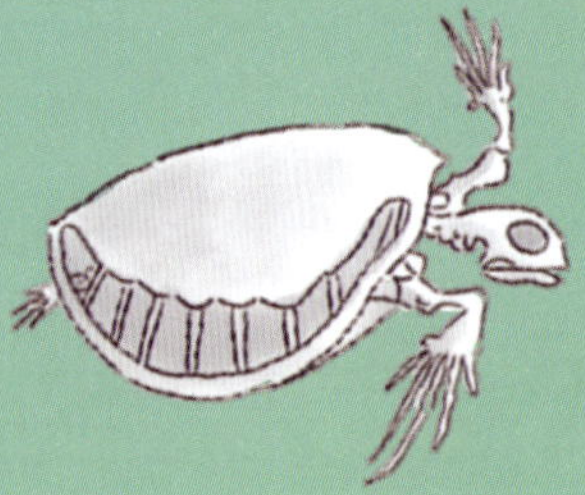

4. Ich liebe es im **MEER** zu schwimmen und trage eine große kuppelartige Schale auf meinem Rücken.

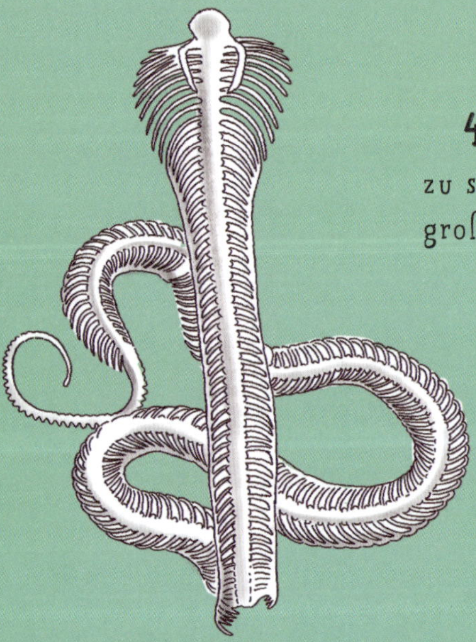

5. Mein Name kommt vom Portugiesischen „**cobra** de capelo", was „Schlange mit Kapuze" bedeutet.

6. Mein Name kommt vom griechischen Wort „**deinos**" für „schrecklich" und „**sauros**" für „Echse".

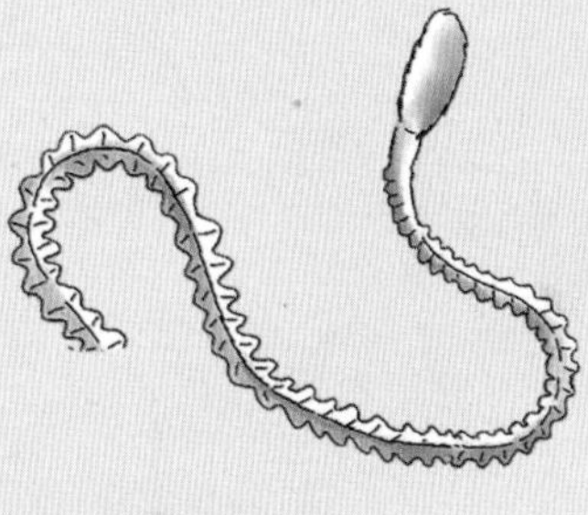

7. Das erste Wort meines Namens ist das Gegenteil von sehend und das zweite Wort ist ein Tier, das sich nicht besonders schnell bewegt.

8. Ich lebe an **LAND** und trage eine große kuppelartige Schale auf meinem Rücken.

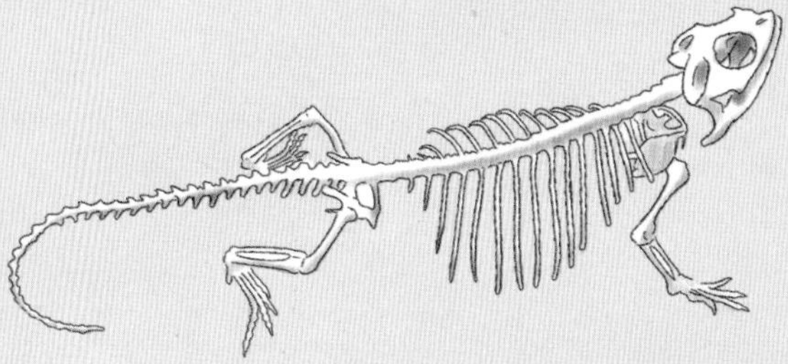

9. Ich trage einen **BART** aus Stacheln am Kinn und habe Ähnlichkeit mit einem kleinen Drachen.

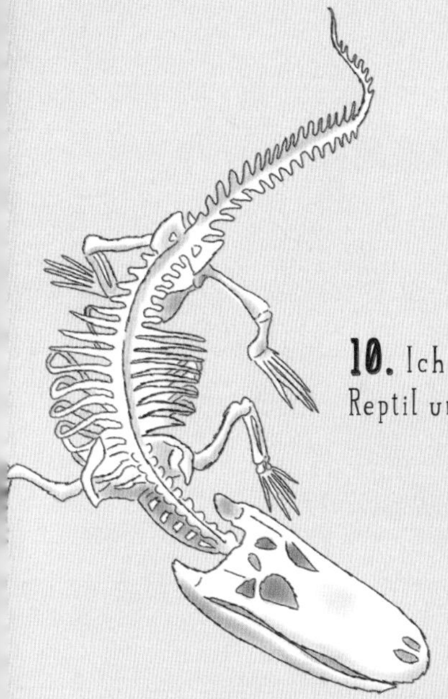

10. Ich bin ein semiaquatisches Reptil und gehöre zur Familie der **ALLIGARORidae**.

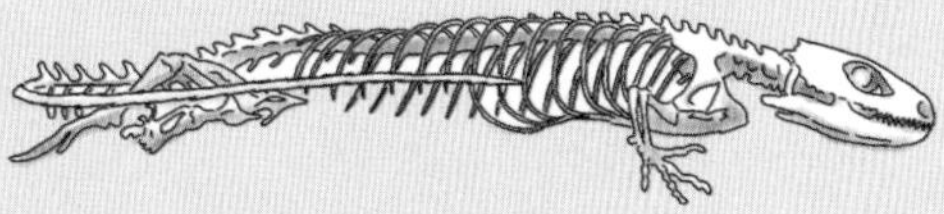

11. Ich bin eine Echse und gehöre zur Familie der **Scincidae**.

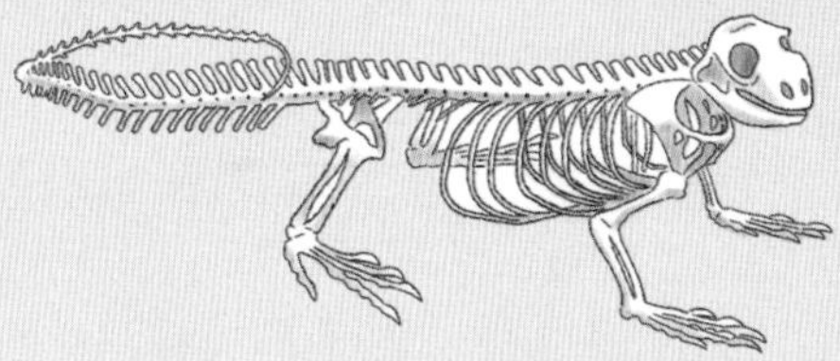

12. Ich bin eine Echse und gehöre zur Familie der **Iguanidae**.

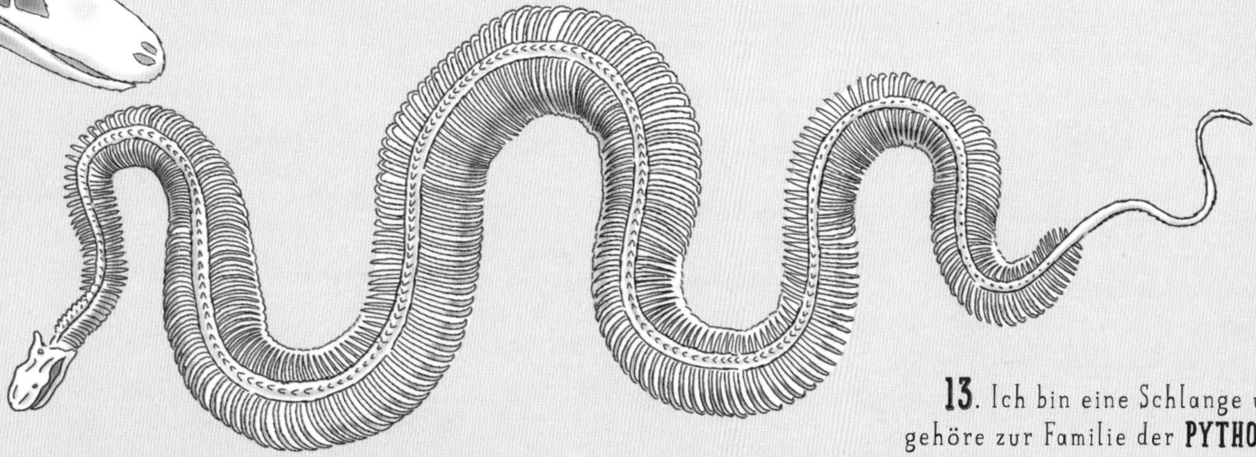

13. Ich bin eine Schlange und gehöre zur Familie der **PYTHONidae**.

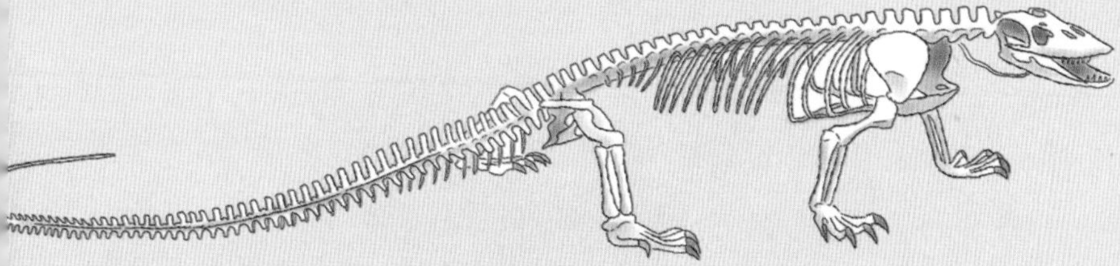

14. Ich bin eine Riesenechse und lebe auf der Insel **KOMODO**.

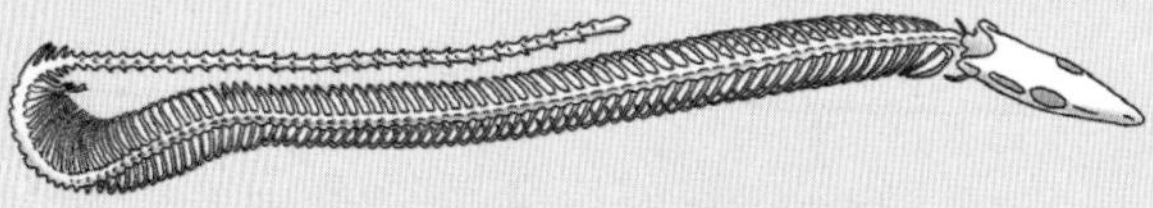

15. Das erste Wort in meinem Namen ist ein durchsichtiges Material und das zweite Wort ist ein manchmal giftiges, schleichendes Tier.

REPTILIEN

LÖSUNGEN

2. Ich bin ein **GECKO!** Man findet mich auf jedem Kontinent außer der Antarktis und meine Füße eignen sich perfekt zum Klettern.

3. Ich bin ein **KROKODIL!** Ich nutze meinen mächtigen Schwanz, um mich im Wasser fortzubewegen, und meine Füße als Ruder, um zu steuern.

1. Ich bin ein **CHAMÄLEON!** Ich lebe überwiegend in den Regenwäldern und Wüsten Afrikas und kann die Farbe meiner Haut an die meiner Umgebung anpassen.

4. Ich bin eine **MEERESSCHILDKRÖTE!** Mein harter Panzer beschützt mich wie ein Schild und ich kann meinen Kopf darin verbergen.

5. Ich bin eine **KOBRA!** Ich bin eine lange und giftige Schlange, die aus Asien stammt. Der Biss einer Königskobra ist so giftig, dass er sogar für einen Elefanten tödlich sein kann.

6. Ich bin ein **DINOSAURIER!** Es existierten über 700 Arten von Dinosauriern und wir herrschten für mehr als 150 Millionen Jahre über die Erde.

7. Ich bin eine **BLINDSCHLEICHE!** Mein langer, geschmeidiger Körper sieht aus wie der einer winzigen Schlange. Doch ich bin bloß eine Echse ohne Beine und eigentlich ziemlich harmlos.

8. Ich bin eine **LANDSCHILDKRÖTE!** Ich kann meinen Atem sehr lange anhalten. Ich leere meine Lunge, bevor ich mich in meinen Panzer zurückziehe, wo ich eine ganze Weile bleiben kann, bevor ich zum Luftholen wieder herauskomme.

9. Ich bin eine **BARTAGAME!** Meinen Bart nutze ich als Abwehrmechanismus – werde ich bedroht, plustere ich mich auf und präsentiere meine Stacheln, um mögliche Angreifer abzuschrecken.

10. Ich bin ein **ALLIGATOR!** Ich werde oft mit einem Krokodil verwechselt. Ich bin an meiner breiten, abgerundeten Schnauze zu erkennen, denn die meisten Krokodile haben eine schmale, spitze Schnauze.

11. Ich bin ein **SKINK!** Es gab mich bereits zur Zeit der Dinosaurier und Fossilien meiner Kieferknochen wurden auf ein Alter von etwa 140 Millionen Jahre geschätzt.

12. Ich bin ein **LEGUAN!** Ich habe eine ausgezeichnete Sehkraft und nutze meine Augen, um mich blitzschnell durch den Wald zu bewegen. Ich bin tatsächlich die schnellste Echsenart der ganzen Welt.

13. Ich bin eine **PYTHON!** Ich bin eine „constrictor", was bedeutet, dass ich meine Beute töte, indem ich mich um sie schlinge und zudrücke, bis sie stirbt.

14. Ich bin ein **KOMODOWARAN!** Ich bin die größte lebende Echse der Welt. Ich kann bis zu drei Meter lang werden und bis zu 150 Kilo schwer.

15. Ich bin eine **GLASSCHLEICHE!** Ich sehe zwar aus wie eine Schlange, bin aber eine Echse. Wie viele andere Echsen, besitze auch ich die Fähigkeit, einen Teil meines Schwanzes abzuwerfen.

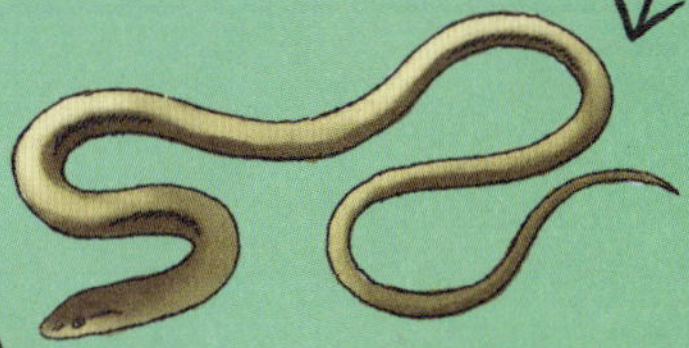

BENENNE DIESES

FABELWESEN

VON FEUER SPUCKENDEN DRACHEN BIS ZU GLITZERNDEN EINHÖRNERN – MYTHISCHE WESEN FASZINIEREN UNS SEIT ANBEGINN DER ZEIT.

KANNST DU MITHILFE DER LEGENDE DIE NAMEN DIESER MYTHISCHEN WESEN ENTSCHLÜSSELN?

1. Ich unterscheid mich nur durch da spitze **GEBILDE** au meinem Kopf, von dem ich nur **EINS** habe, von einem Pferd.

LEGENDE

ALBTRAUM	→	ELFE
AUGE	→	OP
DÄMON	→	TROLL
ECHSE	→	DRACHE
EINS	→	EIN
FLÜGEL	→	PEGA
GEBILDE	→	HORN
GELB	→	KITSUNE
GEIST	→	LIN
GESPROCHEN	→	FEE
GOTT	→	UN
HAKEN	→	GREIF
HOLZ	→	FA
KREIS	→	ZYKL
MÄDCHEN	→	JUNGFRAU
MEDUSA	→	SUS
MEERESUNGEHEUER	→	KRAKEN
MENSCH	→	WER
MENSCHENARTIG	→	YE
MOND	→	JADE
ROT	→	PHOENIX
SCHELMISCH	→	GOB
SCHLANGE	→	DRA
TIER	→	TI
VERSTAND	→	GNOM
WASSER	→	HY
WEIBLICH	→	CHIM
ZIEGE	→	ÄRE

2. Mein Name bedeutet **KREIS-AUGE.**

3. Mein Name bedeutet **MOND-Hase**

4. Mein Name bedeutet **ECHSE.**

5. Mein Name bedeutet **SCHELMISCHer GEIST.**

6. Mein Name bedeutet **MENSCH-Wolf.**

7. Mein Name bedeutet im Indogermanischen „**GESPROCHEN**".

8. Mein Name bedeutet **DÄMON.**

9. Meine Nase ist geformt wie ein **HAKEN.**

12. Mein Name bedeutet **HOLZ-GOTT.**

10. Mein Name bedeutet **Meer-MÄDCHEN.**

11. Mein Name bedeutet **ROT.**

13. Mein Name bedeutet **GELB.**

14. Mein Name bedeutet **ALBTRAUM.**

15. Mein Name bedeutet **VERSTAND.**

16. Mein Name bedeutet **FLÜGEL-MEDUSA.**

17. Mein Name bedeutet **WASSER-SCHLANGE.**

18. Mein Name bedeutet **MEERESUNGEHEUER.**

19. Mein Name bedeutet **WEIBLICHe ZIEGE.**

20. Mein Name bedeutet **MENSCHENARTIGes TIER.**

FABEL-WESEN

LÖSUNGEN

1. EINHORN

Diese pferdeartigen Wesen mit Horn werden seit Tausenden von Jahren in der Kunst dargestellt.

2. ZYKLOP

Diese einäugigen Riesen wurden das erste Mal in Sagen der griechischen Mythologie erwähnt.

3. JADEHASE

Der Umriss eines Hasen auf dem Mond ist seit langer Zeit Bestandteil der ostasiatischen Folklore.

4. DRACHE

Dieses Feuer speiende Ungeheuer wird oft mit schuppiger Haut und einem langen Schwanz dargestellt.

5. KOBOLD

In der abendländischen Folklore sind Kobolde dafür bekannt, in den Häusern der Menschen Schabernack zu treiben.

6. WERWOLF

In der europäischen Folklore sind Werwölfe Menschen, die sich bei Vollmond in Wölfe verwandeln.

7. FEE

Feen sind sagenumwobene Gestalten mit magischen Kräften, die sie meistens zu guten Zwecken einsetzen.

8. TROLL

Trolle leben angeblich in Höhlen und auf Bergen und kommen sehr häufig in der skandinavischen Folklore vor.

9. GREIF

Der Greif hat den Körper eines Löwen und den Kopf, die Flügel und die Krallen eines Adlers.

10. MEERJUNGFRAU

Diese Meeresbewohnerinnnen haben den Kopf und den Oberkörper einer Frau und den Schwanz eines Fisches.

11. PHOENIX

Der Phönix wird häufig mit der Sonne und Wiedergeburt in Verbindung gebracht und hat seinen Ursprung in der antiken Mythologie.

12. FAUN

Der Faun ist Teil Mensch und Teil Ziege. Sein Name kommt vom römischen Gott Faunus.

13. KITSUNE

In der japanischen Folklore sind Kitsune Füchse mit besonderen Kräften, die zum Beispiel ihre Gestalt verändern können.

14. ELF

Diese winzigen, menschenartigen Wesen mit magischen Kräften stammen aus der nordischen Mythologie.

15. GNOM

Diese unter der Erde lebenden Wesen sind dafür bekannt, Bergwerke zu bewachen, in denen sich Kostbarkeiten befinden.

16. PEGASUS

Diese geflügelten Pferde stammen aus der griechischen Mythologie und lassen unter ihren Hufschlägen Quellen entstehen.

17. HYDRA

Dieses riesige Seeungeheuer aus der griechischen Mythologie hat viele Köpfe, von denen einer unsterblich ist.

18. KRAKE

In der skandinavischen Folklore war der Kraken ein riesiges Seeungeheuer mit langen, oktopusartigen Tentakeln.

19. CHIMÄRE

Dieses Feuer speiende Ungeheuer aus der griechischen Mythologie besteht aus einem Teil Löwe, einem Teil Ziege und einem Teil Schlange.

20. YETI

Dieses affenartige Wesen lebt angeblich im asiatischen Himalaya-Gebirge.

WENN EIN WORT **SO** GESCHRIEBEN IST, KOMMT ES EXAKT **so** IM NAMEN VOR. WENN EIN WORT **so** GESCHRIEBEN IST, IST ES EIN HINWEIS.

BENENNE DIESE

BLUME

EINE BLUME IST DER TEIL EINER PFLANZE, DER BLÜHT. BLUMEN UNTERSCHEIDEN SICH STARK IN FORM, GRÖSSE UND FARBE.

KANNST DU DIE HINWEISE ENTSCHLÜSSELN UND SCHAUEN, WIE VIELE BLUMEN DU BENENNEN KANNST?

1. Mein Name kommt vom lateinischen Wort „**rosa**".

2. Mein Name stammt von der Anordnung meiner Blütenblätter, die aussehen wie das grimmige Gesicht einer **Stiefmutter.**

3. Mein Name kommt von „dulband", dem türkischen Wort für einen Turban.

4. Mein Name kommt vom lateinischen Wort für eine Blumenart: „**lilium**".

5. Mein Name kommt vom lateinischen Wort „**columbina**, was „Taube" bedeutet.

6. Mein Name kommt von meinem Aussehen: Ich sehe aus wie die **SONNE!**

7. Mein Name kommt von meinen Samen, die nach der Blüte **RINGEL** bilden.

8. Mein Name kommt daher, dass vor allem **GÄNSE** mich gerne fressen.

9. Ich wurde nach dem schwedischen Botaniker Andreas **DAHL** benannt.

10. Mein Name kommt vom griechischen Wort „**aster**" und bedeutet **Stern.**

11. Mein Name kommt von den griechischen Wörtern „**chryos**" für Gold und „**anthemon**" für Blume.

12. Ich habe viele heilende Eigenschaften und blühe meist rund um **PFINGSTen.**

13. Mein Name kommt vom lateinischen Wort „**HORTENSus**", was „Gärtner" bedeutet.

14. Ich wurde nach dem französischen Botaniker Pierre **MAGNOL** benannt.

15. Ich bin eine blaue Blume und habe die Form einer **GLOCKE.**

16. Früher nannte man mich **Veiel**, heute kennt man mich nur noch in meiner verniedlichten Form.

17. Mein Name kommt vom lateinischen Wort „papaver", das **MOHN** bedeutet.

18. Ich habe die Farbe von **BUTTER** und meine Blüte hat eine becherartige Form.

19. Mein Name stammt von der griechischen Sage um den Jüngling **NARZISS**, der sich in sein eigenes Spiegelbild verliebte.

20. Ich wurde nach dem französischen Förderer der Botanik Michel **Bégon** benannt.

21. Mein Name kommt vom lateinischen Wort „**lavo**", was „waschen" bedeutet.

22. Mir wachsen kleine **KIRSCHen**, nachdem ich in prachtvoller **BLÜTE** stand.

23. Wenn man mich am Hals drückt, reiße ich mein **Maul** auf wie ein **LÖWE**.

24. Mein Name kommt von Königin Charlotte von Mecklenburg-**STRELITZ**, die mich besonders gern mochte.

BLUMEN

LÖSUNGEN

1. Ich bin eine **ROSE!** Der älteste wachsende Rosenstock steht in Hildesheim und soll über 1.000 Jahre alt sein.

2. Ich bin ein **STIEFMÜTTERCHEN!** Mit meinen Blüten kann man Salate oder Desserts garnieren, weil sie essbar sind.

3. Ich bin eine **TULPE!** Ich komme ursprünglich aus Asien und bin entfernt verwandt mit Zwiebeln und Knoblauch.

4. Ich bin eine **LILIE!** Ich bin eine der am längsten kultivierten Pflanzen der Welt und es gibt mich in vielen verschiedenen Farben.

5. Ich bin eine **AKELEI!** Umgangssprachlich nennt man mich auch Taubenblume.

6. Ich bin eine **SONNENBLUME!** Ich bestehe aus Tausenden von winzigen Blüten.

7. Ich bin eine **RINGELBLUME!** Ich brauche den ganzen Tag über direktes Sonnenlicht, um die gesamte Saison über zu blühen.

8. Ich bin ein **GÄNSEBLÜMCHEN!** Nachts schließe ich meine Blütenblätter und am Morgen öffne ich sie wieder.

9. Ich bin ein **DAHLIE!** Ich wurde ursprünglich als Gemüse angebaut.

10. Ich bin eine **ASTER!** In der Antike wurde ich verbrannt, um negative Energien abzuwehren.

11. Ich bin eine **CHRYSANTHEME!** Ich bin eine der „Vier Edlen" – vier Pflanzen, die man in der traditionell chinesischen Tuschmalerei findet.

12. Ich bin eine **PFINGSTROSE!** Ich bin sehr beliebt in China, wo ich mindestens seit 1.000 v. Chr. gezüchtet werde.

13. Ich bin eine **HORTENSIE!** In Asien sagst du jemandem, dass er oder sie dein Herz höherschlagen lässt, wenn du der Person eine rosafarbene Hortensie schenkst.

14. Ich bin eine **MAGNOLIE!** Man glaubt, ich sei die am frühesten blühende Blume des Jahres. Ich werde von Käfern bestäubt, da es mich schon vor den Bienen gab.

15. Ich bin eine **GLOCKENBLUME!** Ameisen verteilen meine Samen, weshalb ich an vielen verschiedenen Orten wachse.

16. Ich bin ein **VEILCHEN!** Die alten Griechen verwendeten mich für Liebestränke, da man mir nachsagt, dass ich Fruchtbarkeit und Liebe symbolisiere.

17. Ich bin eine **MOHNBLUME!** Nach dem Ersten Weltkrieg wuchsen Tausende von Mohnblumen auf den Schlachtfeldern und wurden so zum Symbol des Gedenkens.

18. Ich bin eine **BUTTERBLUME!** Ich erhalte meine leuchtende Farbe von den gelben Pigmenten, die sich in der Oberflächenschicht meiner Blütenblätter befinden.

19. Ich bin eine **NARZISSE!** Die Tradition besagt, dass ich dem gesamten Haushalt Glück bringe, wenn ich zum Chinesischen Neujahrsfest blühe.

20. Ich bin eine **BEGONIE!** Ich bin nah verwandt mit Melonen, Gurken und Kürbissen.

21. Ich bin **LAVENDEL!** Ich werde häufig wegen meines guten Duftes angebaut, obwohl mich die Bienen ebenfalls lieben.

22. Ich bin eine **KIRSCHBLÜTE!** Die meisten Kirschbäume blühen jedes Jahr nur für eine oder zwei Wochen im Frühling.

23. Ich bin ein **LÖWENMÄULCHEN!** In Asien nennt man mich „Kaninchenlippen" und auf Englisch heiße ich „fauchender Drache".

24. Ich bin eine **STRELITZIE!** Wenn ich gesund und ausgereift bin, kann ich bis zu 36 Blütentriebe im Jahr produzieren.

BENENNE DIESEN

EDELSTEIN

EDELSTEINE SIND GESCHLIFFENE UND POLIERTE SCHMUCKSTEINE. IHRE FARBTÖNE REICHEN VON FARBLOS BIS TIEFSCHWARZ.

LIES DIE HINWEISE AUFMERKSAM UND FINDE HERAUS, WIE VIELE EDELSTEINE DU BENENNEN KANNST.

1.

6.

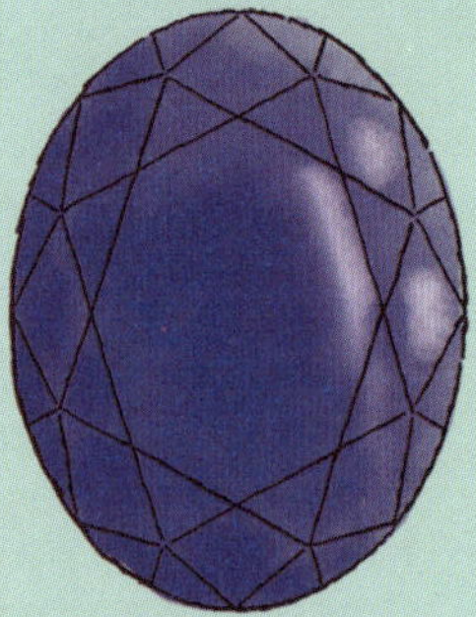

HINWEISE

- ◆ Der **BERNSTEIN** ist orange-braun und befindet sich links von einem orangefarbenen Edelstein.
- → Der **AMETHYST** ist violett und befindet sich rechts von einem roten Edelstein.
- ● Der **AQUAMARIN** ist der Edelstein mit dem hellsten Blau.
- ⁘ Der **CITRIN** ist goldgelb und befindet sich rechts von einem braunen Edelstein.
- ▷ Der **DIAMANT** ist ein klarer, durchsichtiger Edelstein.
- ◆ Der **SMARAGD** ist der Edelstein mit dem dunkelsten Grün.
- → Der **GRANAT** ist tiefrot und befindet sich rechts von einem rosafarbenen Edelstein.
- ● Der **IOLITH** ist der Edelstein mit dem dunkelsten Blauviolett.
- ⁘ Der **KUNZIT** ist rosa und wurde in eine rechteckige Form geschliffen.
- ▷ Der **LABRADORIT** ist hellblau mit schwarzen Streifen.
- ◆ Der **MONDSTEIN** ist weiß und befindet sich unterhalb des Edelsteins mit dem hellsten Grün.
- → Der **OPAL** ist regenbogenfarben und befindet sich rechts von einem durchsichtigen Edelstein.
- ● Die **PERLE** ist eine perfekte Kugel.
- ⁘ Der **PERIDOT** ist der Edelstein mit dem hellsten Grün.
- ▷ Der **RUBIN** ist leuchtend rot und wurde in einer Kreisform geschliffen.
- ◆ Der **SAPHIR** ist dunkelblau und befindet sich zwischen zwei blauen Edelsteinen.
- → Der **RAUCHQUARZ** ist braun und befindet sich links von einem goldgelben Edelstein.
- ● Der **TANSANIT** ist blau und befindet sich links von einem Edelstein, der aussieht, als hätte er Risse.
- ⁘ Der **TOPAS** ist leuchtend orange und befindet sich am Ende einer Reihe.
- ▷ Der **TURMALIN** ist leuchtend rosa und befindet sich rechts von einem rosafarbenen Edelstein.

11.

16.

2.

3.

4.

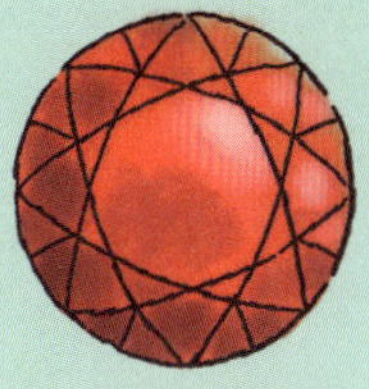

5.

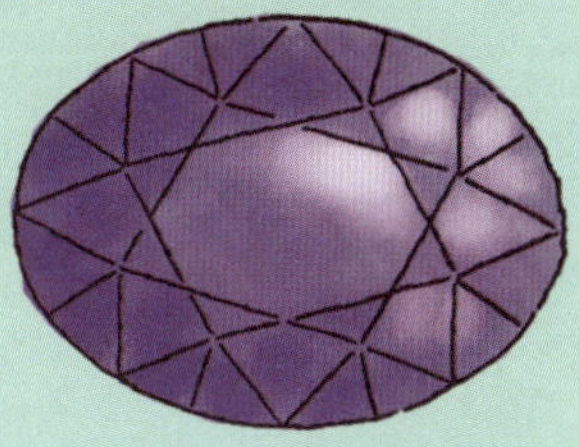

7.

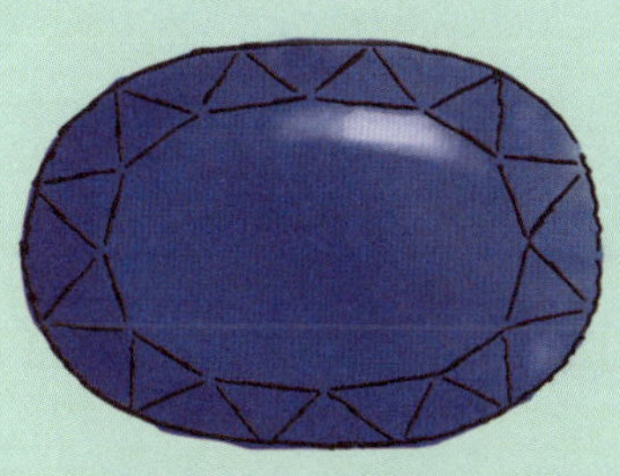

8.

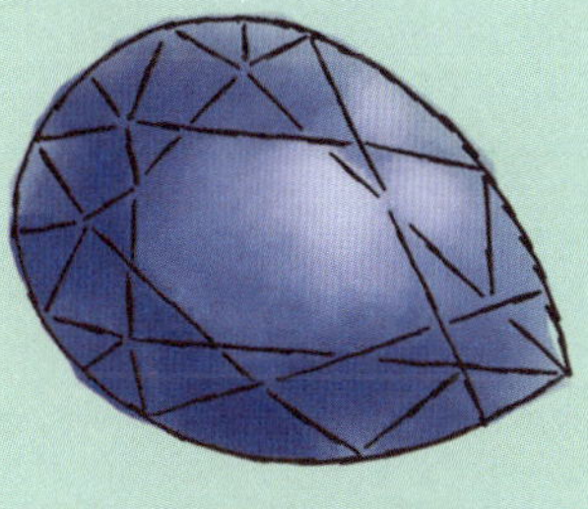

9.

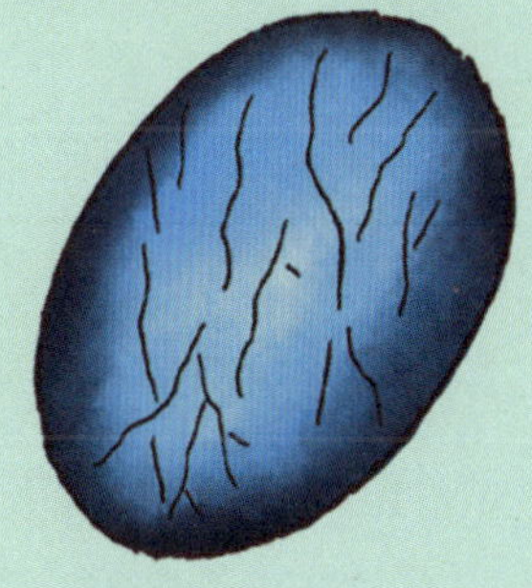

10.

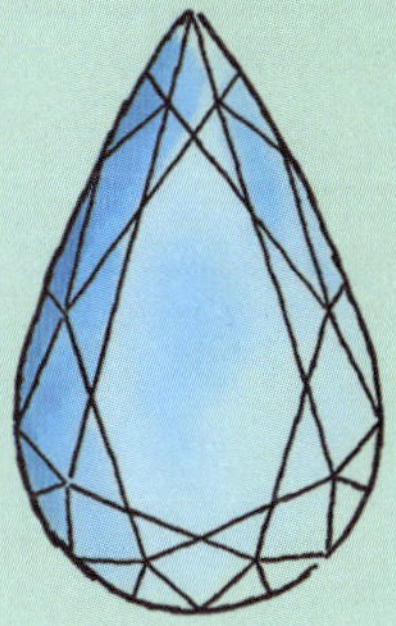

12.

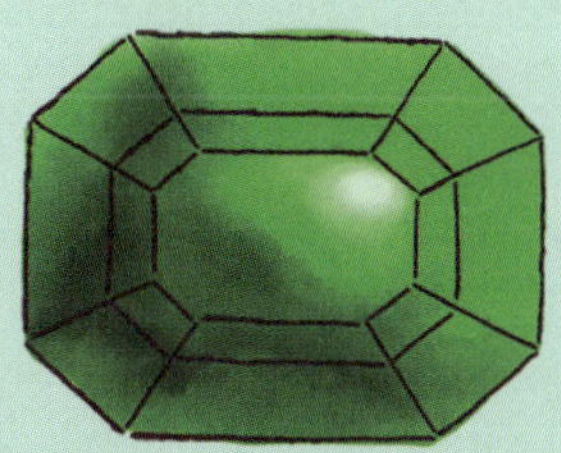

13.

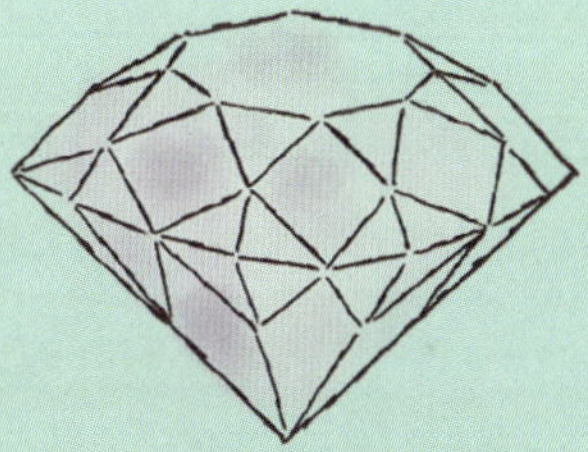

14.

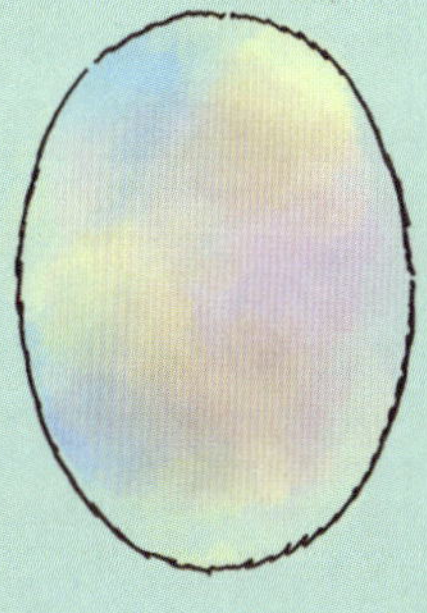

15.

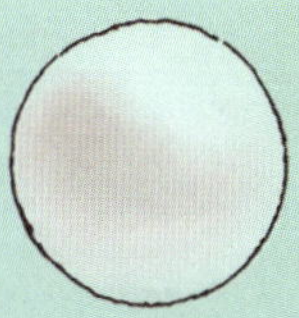

17.

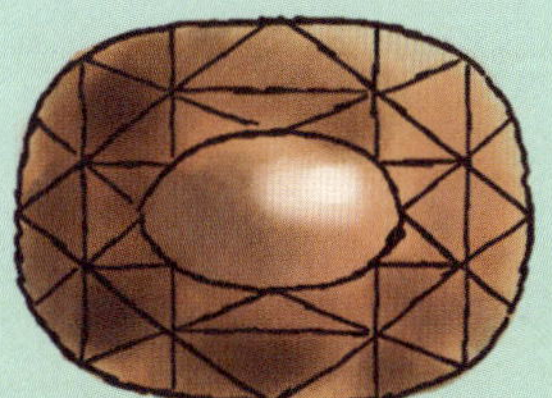

18.

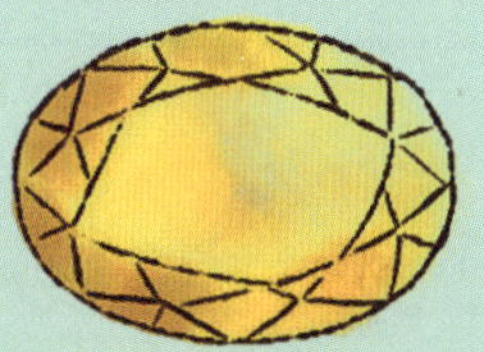

19.

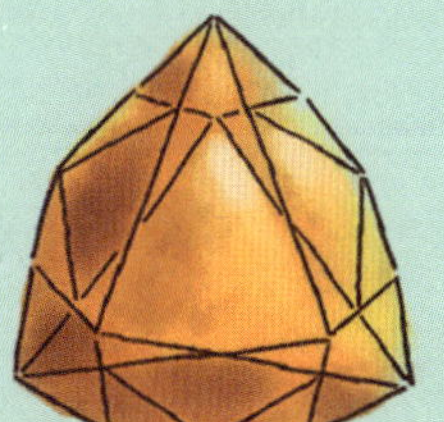

20.

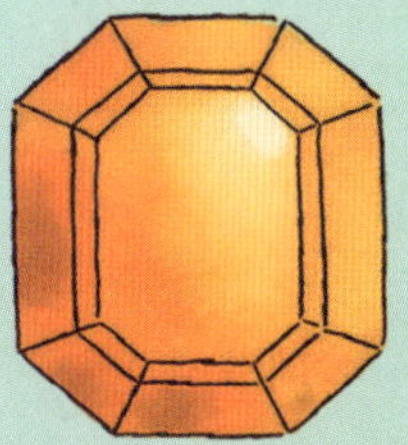

EDELSTEINE

LÖSUNGEN

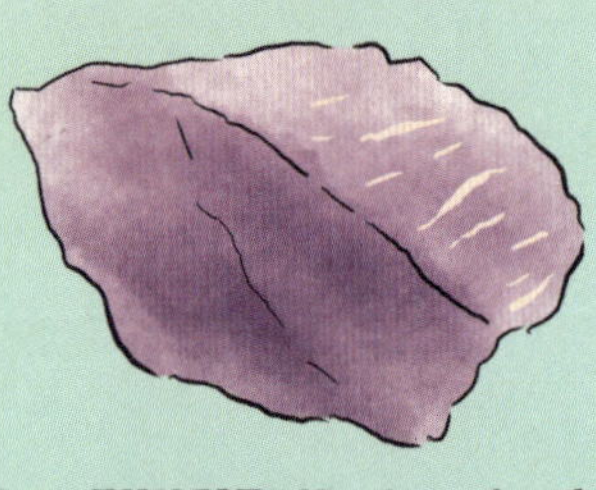

1. Der **KUNZIT!** Wird er für längere Zeit starker Sonneneinstrahlung ausgesetzt, verblasst seine Farbe. Er wurde im 1902 vom Gemmologen George F. Kunz identifiziert.

2. Der **TURMALIN!** Dieser Edelstein hat eines der breitesten Farbspektren aller bekannten Edelsteine. Er wird weltweit abgebaut, auch in Brasilien und Nigeria.

3. Der **GRANAT!** Diesen Edelstein gibt es in verschiedenen Farben und Arten. Man hat eine Kette aus rotem Granat gefunden, die wohl im Jahr 3800 v. Chr. im Alten Ägypten getragen wurde.

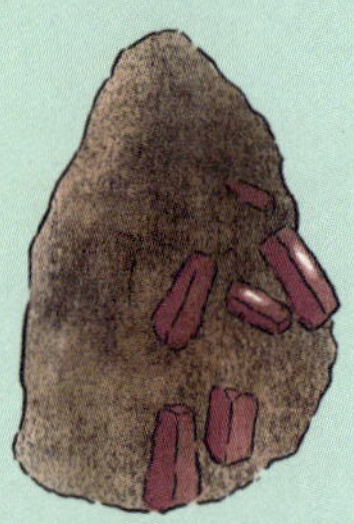

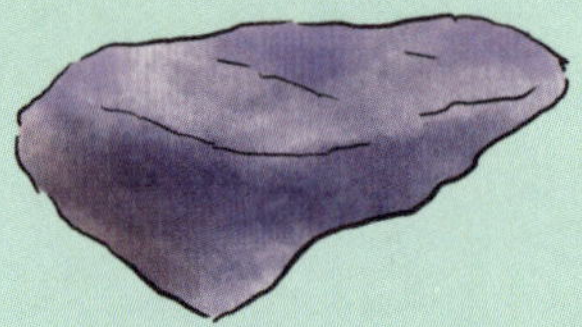

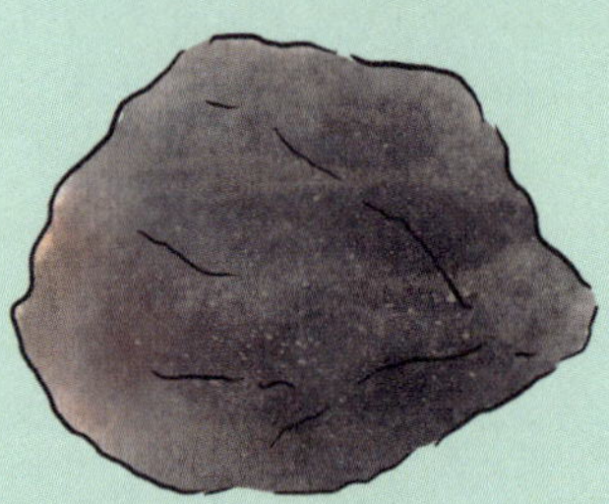

4. Ein **RUBIN!** Auf Sanskrit heißt er „Ratnaraj", was „König der Edelsteine" bedeutet.

5. Ein **AMETHYST!** Der Amethyst ist eine Varietät des Minerals Quartz und ein Halbedelstein, den man an vielen Orten der Welt finden kann, unter anderem in Brasilien und Kanada.

6. Ein **IOLITH!** Dieser Edelstein ist ein Aluminium-Eisen-Magnesium-Silikat. Sein Name kommt vom griechischen Wort „ios", was „violett" bedeutet.

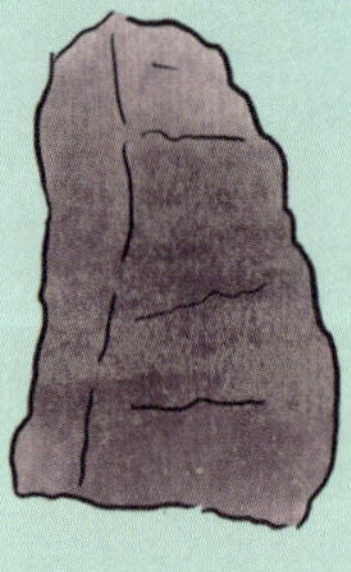

7. Ein **SAPHIR!** Er ist eine Varietät des Minerals Korund, doch nicht alle Saphire sind blau: manche sind auch gelb oder grün oder orange oder rosa oder violett.

8. Ein **TANSANIT!** Er ist eine blauviolette Varietät von Zoisit und nur in Tansania zu finden, dem afrikanischen Land, wo es auch 1967 zum ersten Mal gefunden wurde.

9. Ein **LABRADORIT!** Er wurde zum ersten Mal in der kanadischen Provinz Labrador gefunden.

10. Ein **AQUAMARIN!** Dieser Edelstein ist eine farbliche Varietät (grünblau bis blau) des Minerals Beryll. Er wurde nach dem lateinischen Wort für „Meerwasser" benannt!

11. Ein **PERIDOT!** Dieser gelblich grüne Edelstein hat eine lange Tradition: Er wurde bereits im alten Ägypten geschürft, wo man ihn den „Juwel der Sonne" nannte.

12. Ein **SMARAGD!** Sein Name leitet sich vom griechischen Wort für „Grün" ab. Der älteste Stein wurde auf drei Milliarden Jahre geschätzt.

13. Ein **DIAMANT!** Dieser wunderschöne und kostbare Edelstein ist das härteste Material in der Natur: Er ist 58-mal härter als alles andere auf der Erde.

14. Ein **OPAL!** Der kostbare Opal hat eine einzigartige, regenbogenfarbene Erscheinung, die auch als Farbspiel bekannt ist. Viele Opale wurden in Australien geschürft.

15. Eine **PERLE!** Sie bildet sich im Innern zweischaliger Muscheln wie Austern. Sie kann unterschiedliche Farben haben, aber die meisten sind weiß.

16. Ein **MONDSTEIN!** Er ist ein Mineral aus der Feldspatgruppe und ist bekannt für sein einzigartiges Schimmern, das an Mondlicht erinnert.

17. Ein **RAUCHQUARTZ!** Dieser Edelstein ist ein häufig vorkommendes Mineral, das man an vielen Orten der Welt finden kann.

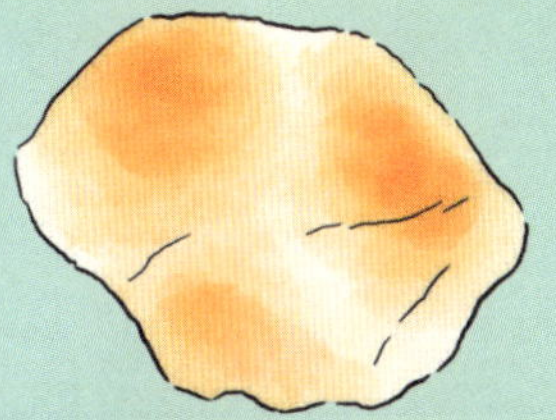

18. Ein **CITRIN!** Die gelbe Färbung dieser Quartz-Varietät kommt in jeder Nuance von Hellgelb bis Gelbbraun vor.

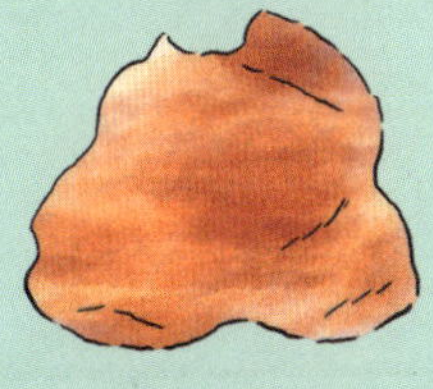

19. Ein **BERNSTEIN!** Dieser Edelstein bildet sich aus Millionen Jahre altem, versteinertem Baumharz und ist dafür bekannt, dass sich in seinem Inneren Fossilien befinden.

20. Ein **TOPAS**! Er hat ein breites Farbspektrum und kann braun, blau, grün, gelb, orange, rot, rosa oder violett sein, aber auch farblos.

BENENNE DIESES

GEWÜRZ

VON KRÄUTERN BIS GEWÜRZMISCHUNGEN, GEWÜRZE VERLEIHEN DEM ESSEN EINE GANZ SPEZIELLE NOTE. WELCHE SCHMECKEN DIR AM BESTEN?

LIES DIE SPEISEKARTE UND FINDE HERAUS, WIE VIELE GEWÜRZE DU ANHAND IHRER BESCHREIBUNG BENENNEN KANNST.

1.

2.

3.

4.

5.

MENÜ

- ◆ **BASILIKUM** besteht aus grünen, hängenden Blättern. Manchmal wächst er auch in einem Topf.
- → **LORBEERBLÄTTER** sind lose, glänzende, dunkle Blätter.
- ● **KARDAMOM** besteht aus hellgrünen Kapseln, in denen sich dunkelbraune Samen befinden.
- Eine **CHILI** ist ein glänzendes und gebogenes Gemüse, das normalerweise leuchtend rot oder grün ist.
- ▷ **SCHNITTLAUCH** ist ein Bündel aus dünnen grünen Stängeln, die innen hohl sind, wenn man sie aufschneidet.
- ◆ **ZIMT** besteht aus dicken Rollen brauner Fasern.
- → **KORIANDER** besteht aus vielen hellgrünen Stängeln. Es gibt ihn aber auch als kleine braune Samen.
- ● **KÜMMEL** hat kleine, halbmondförmige Samen mit einem gelbbraunen Farbton.
- **DILL** besteht aus vielen grünen, farnartigen Stängeln, die aus anderen grünen Stängeln sprießen.
- ▷ **KNOBLAUCH** ist eine kleine weiße und runde Knolle, die aus mehreren sogenannten Knoblauchzehen besteht.
- ◆ **INGWER** ist eine Wurzel, die hellgelb ist, wenn man sie aufschneidet.
- → **LAVENDEL** besteht aus Zweigen mit Blättern, an denen sich violette Blüten befinden.
- ● **ZITRONENGRAS** ist ein Bündel weißgrüner Stiele.
- **MINZE** ist eine Pflanze mit grünen Blättern, die um den Stiel angeordnet sind. Sie wächst oft in einem Topf.
- ▷ **SENF** besteht aus vielen kleinen gelben Samen. Auch seine Blüten sind gelb!
- ◆ **MUSKAT** sieht aus wie eine hellbraune Nuss.
- → Eine **ZWIEBEL** ist ein rundes Gemüse mit brauner Schale und vielen weißen Schichten in seinem Innern.
- ● **PAPRIKAGEWÜRZ** ist ein feines, leuchtend rotes Pulver.
- **PETERSILIE** besteht aus Büscheln grüner Stängel mit vielen gekräuselten Blättern daran.
- ▷ **ROSMARIN** hat viele schmale, lange, nadelartige Blätter.
- ◆ **SAFRAN** ist innen leuchtend orange und ist ein Teil der Krokus-Blume.
- → **SESAM** besteht aus vielen kleinen hellbraunen Samen.
- ● **STERNANIS** ist getrocknet und sternförmig.
- **KURKUMA** wird aus einer Wurzel hergestellt, die aussieht wie eine Karotte, wenn man sie durchschneidet.
- ▷ **VANILLE** wächst in Form eines dunkelbraunen Stängels, der ganz lang und dünn ist.

6.

7.

8.

9.

10.

11.

12.

13.

14.

15.

16.

17.

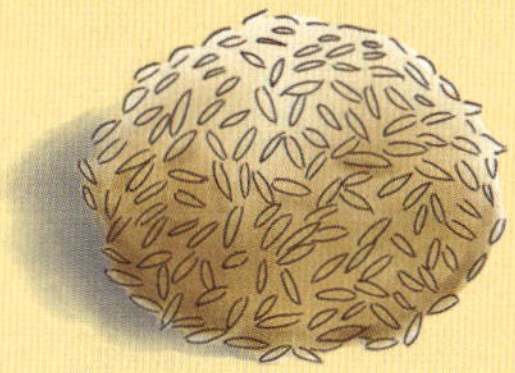

18.

19.

20.

21.

22.

23.

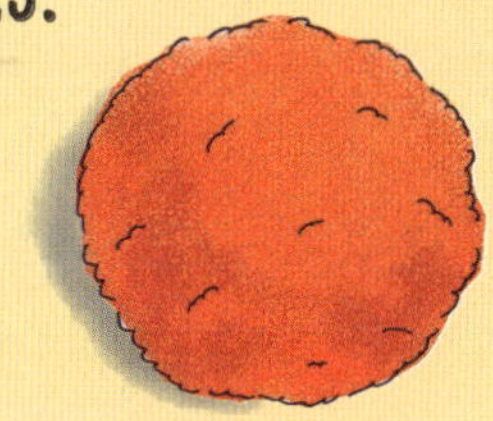

24.

25.

GEWÜRZE

LÖSUNGEN

1. Wir sind **CHILISCHOTEN!** Wir sind feurig-scharf … Selbst eine kleine Menge von uns kann schon ziemlich reinhauen!

2. Ich bin **BASILIKUM!** Ich bin ein aromatisches grünes Kraut mit einer pfeffrigen, anisartigen Note. Besonders beliebt bin ich in der italienischen Küche, in der ich als Hauptzutat für Pesto diene.

3. Ich bin **ZIMT!** Ich werde aus der inneren Rinde des Zimtbaumes gewonnen. Meine herbe, süße Note eignet sich perfekt für Currys, Plätzchen und Kuchen.

4. Ich bin **MUSKAT!** Ich bin der Samen eines Muskatnussbaumes. Ich habe einen herben und nussigen Duft und ich werde oft für Kuchen und Nachtisch verwendet.

5. Ich bin **MINZE!** Ich bin für meine kühlende und erfrischende Eigenschaft bekannt und häufig auch in Zahnpasta zu finden!

6. Ich bin **KURKUMA!** Durch meine leuchtend gelbe Farbe steche ich aus den anderen Gewürzen heraus. Ich habe einen erdigen, leicht bitteren Geschmack.

7. Ich bin **LAVENDEL!** Ich stamme aus der Familie der Minzen und habe ein markant blumiges Aroma. Ich schmecke toll in Eiscreme und Gebäck.

8. Ich bin **INGWER!** Ich werde frisch in asiatischen Gerichten verarbeitet und komme getrocknet und zerstoßen als Gewürz zum Einsatz.

9. Ich bin **KORIANDER!** Ich habe einen aromatischen, zitrusartigen Geschmack. Meine Samen können getrocknet und zerstoßen werden.

10. Ich bin **DILL!** Meine farnartigen Blätter sind sehr aromatisch und ich habe einen grasigen Geschmack und schmecke leicht nach Anis.

11. Ich bin **SCHNITTLAUCH!** Ich schmecke zwiebelartig und werde oft über gekochte Kartoffeln gestreut, um ihnen mehr Geschmack zu verleihen.

12. Ich bin **STERNANIS!** Ich bin eine Samenschote der Frucht der Pflanze Illicium verum. Ich habe einen starken Anisgeschmack und ich bin eine Hauptzutat in chinesischen Gerichten.

13. Ich bin **KARDAMOM!** Ich bin ein stark aromatisches Gewürz und gehöre zur Familie der Ingwergewächse. Ich werde oft für süße und herzhafte Gerichte verwendet, vor allem in der indischen Küche.

14. Ich bin **PETERSILIE!** Ich habe einen grasigen Geschmack, der bei Suppen, Brühen, Kartoffeln und vielen anderen Gerichten für Farbe und geschmacklich für Balance sorgt.

15. Ich bin **SESAM!** Ich bin ein Samen, der geröstet zum Garnieren verwendet werden kann. Ich werde auch zu Sesampaste verarbeitet, die häufig in der Küche des Nahen Ostens zum Einsatz kommt.

18. Ich bin **SENF!** Mich gibt es schon seit über 5.000 Jahren. Wenn man mich mit Zutaten wie Essig, Wasser oder Salz mischt, werde ich zur Paste.

16. Ich bin **ZITRONENGRAS!** Meine nach Zitrone riechenden Stängel kommen häufig in der südostasiatischen Küche zum Einsatz.

17. Ich bin **KÜMMEL!** Ich bin ein aromatisches Gewürz, das oft in indischen Currys verwendet wird.

19. Wir sind **LORBEERBLÄTTER!** Wir werden während des Köchelns zu Eintöpfen, Soßen und Suppen hinzugefügt, um einen herben Geschmack zu erzeugen.

20. Ich bin **KNOBLAUCH!** Mit meinem charakteristischen Geschmack werde ich für Suppen, Soßen, Pfannengerichte, Eintöpfe und Salatsoßen verwendet.

21. Ich bin **ROSMARIN!** Ich bin sehr geschmacksintensiv und passe besonders gut zu Lamm- und Schweinefleischgerichten.

22. Ich bin **VANILLE!** Vanilleschoten enthalten viele kleine schwarze Samen, die vor allem in Süßspeisen wie Eiscreme verwendet werden.

23. Ich bin **PAPRIKAGEWÜRZ!** Ich stamme von getrockneten und gemahlenen roten Parpikaschoten. Ich werde in vielen herzhaften Gerichten und zum Marinieren eingesetzt.

24. Ich bin eine **ZWIEBEL!** Ich bin ein vielseitig einsetzbares Gemüse aus der Gattung der Lauche. Ich kann roh gegessen oder in Gerichten wie Suppen oder Aufläufen verwendet werden.

25. Ich bin **SAFRAN!** Ich bin ein feines und teures Gewürz. Ich wachse vor allem im Iran, in Indien, Griechenland, Spanien und Italien.

BENENNE DIESES

RAUMFAHRZEUG

EIN RAUMFAHRZEUG IST EIN FAHRZEUG, DAS EXTRA FÜR DEN EINSATZ IM WELTALL GEBAUT WURDE. IM JAHR 1957 FLOG DAS ERSTE RAUMSCHIFF INS ALL UND NOCH HEUTE WERDEN FAHRZEUGE IN DEN WELTRAUM GESCHICKT.

LIES DIE HINWEISE UND FINDE ANHAND DES JAHRES, IN DEM SIE GESTARTET SIND, DIE NAMEN HERAUS.

HINWEISE

◆ **APOLLO 13** startete als erstes Raumschiff dieser Reihe in den 1970er-Jahren ins Weltall.

→ **ARTEMIS** 1 startete als letztes dieser Raumfahrzeuge.

● **CASSINI-HUYGENS** war das zweite dieser Raumfahrzeuge und startete in den 1990er-Jahren.

⁘ **FRIENDSHIP 7** startete zwei Jahre vor der Mariner 4 ins Weltall.

▷ **GALILEO** war das einzige Raumfahrzeug, das in den 1980er Jahren startete.

◆ Das **HUBBLE-WELTRAUM-TELESKOP** startete als erstes dieser Raumfahrzeuge in den 1990er-Jahren.

→ Die **INTERNATIONALE RAUMSTATION** war das letzte dieser Raumfahrzeuge, das in den 1990er-Jahren startete.

● Nur zwei dieser Raumfahrzeuge sind nach dem **KEPLER-WELTRAUMTELESKOP** gestartet.

⁘ Die **MONDLANDEFÄHRE EAGLE** startete als letztes Raumfahrzeug in den 1960er-Jahren.

▷ **MARINER 4** startete vier Jahre nach 1960.

◆ Der **MARS-ROVER** war das erste dieser Raumfahrzeuge, das in den 2020er-Jahren startete.

→ **ROSETTA** war das erste dieser Raumfahrzeuge, das am Anfang der 2000er-Jahre startete.

● **SPUTNIK 1** war das allererste Raumfahrzeug, das jemals startete.

⁘ **WOSTOK 1** war das erste Raumfahrzeug, das in den 1960er-Jahren startete.

▷ **VOYAGER 1** war das letzte Raumfahrzeug, das in den 1970er-Jahren startete.

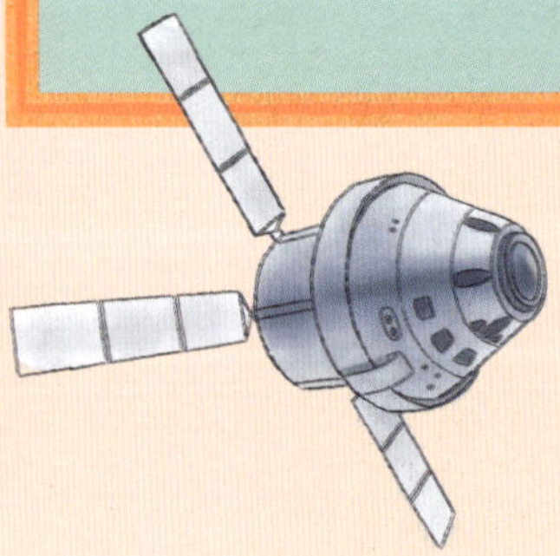

1. Gestartet im Jahr **2022!**

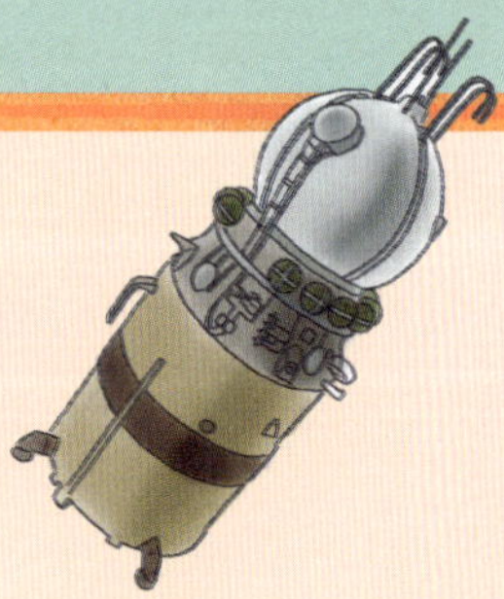

2. Gestartet im Jahr **1961!**

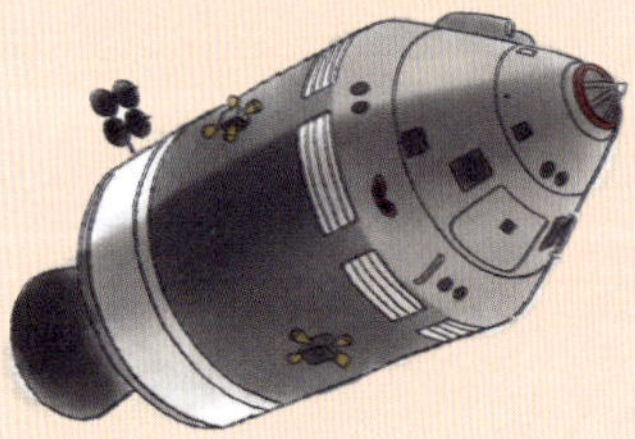

3. Gestartet im Jahr **1970!**

4. Gestartet im Jahr **1969!**

5. Gestartet im Jahr **1998!**

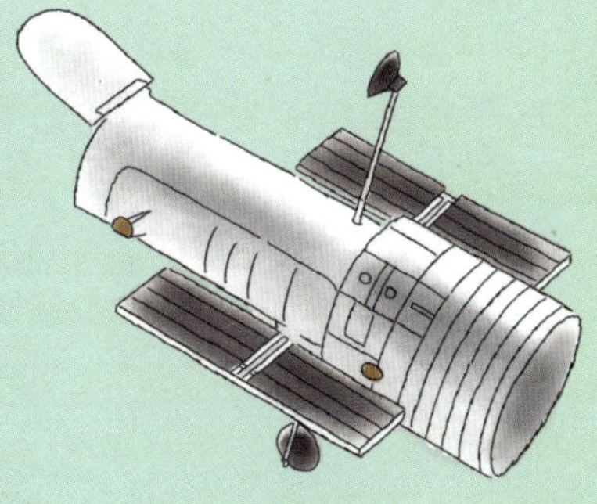

6. Gestartet im Jahr **1990!**

7. Gestartet im Jahr **1989!**

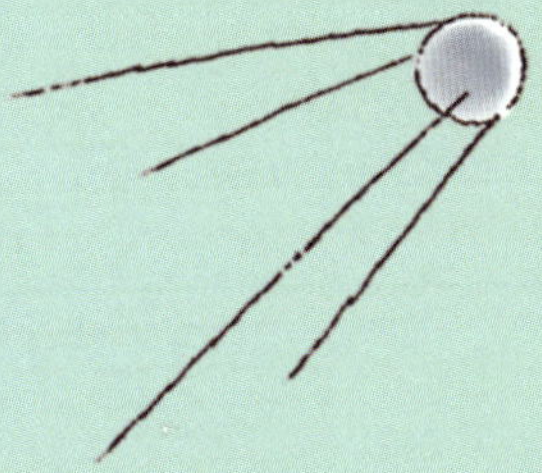

8. Gestartet im Jahr **1957!**

9. Gestartet im Jahr **1997!**

10. Gestartet im Jahr **2004!**

11. Gestartet im Jahr **2020!**

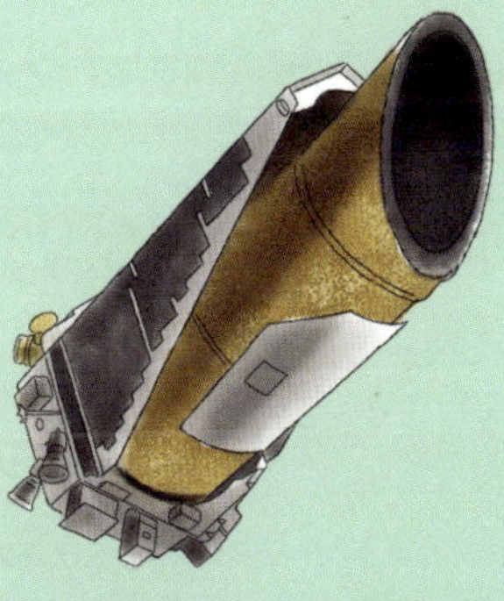

12. Gestartet im Jahr **2009!**

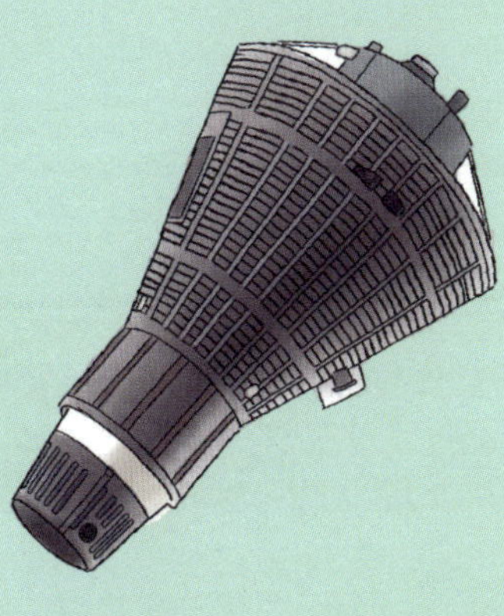

13. Gestartet im Jahr **1962!**

14. Gestartet im Jahr **1977!**

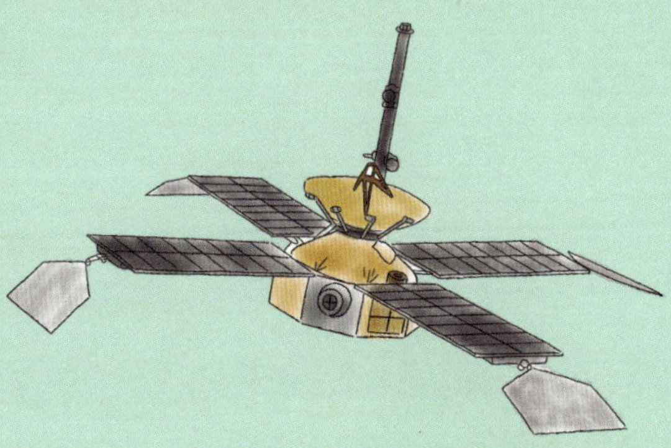

15. Gestartet im Jahr **1964!**

RAUMFAHRZEUGE

LÖSUNGEN

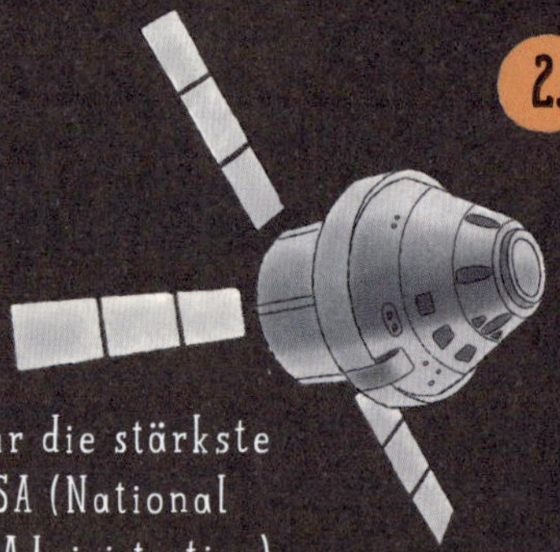

1. Die **ARTEMIS 1!** Sie war die stärkste Rakete, die die NASA (National Aeronautics and Space Administration) jemals gebaut hat.

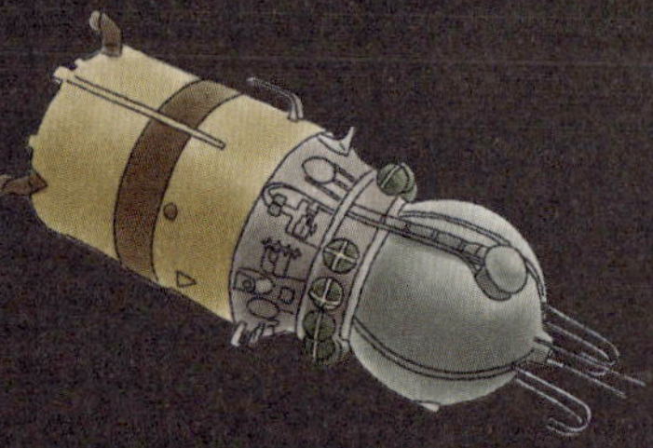

2. Die **WOSTOK 1!** Sie brachte den ersten Menschen ins All, den sowjetischen Kampfpiloten Yuri Gagarin.

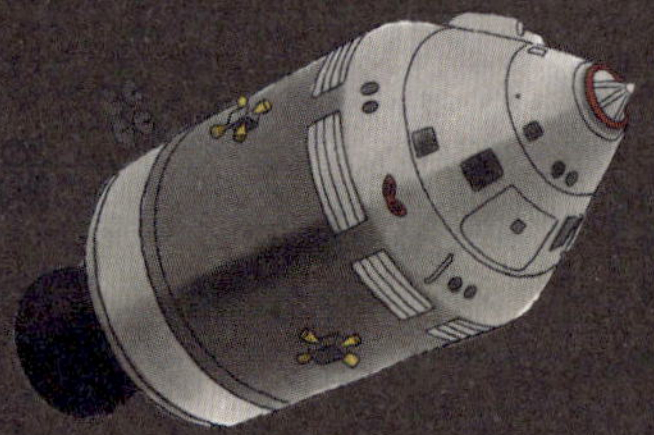

3. Die **APOLLO 13!** Nach der Apollo 11 und 12 sollte mit ihr die dritte Mondlandung durchgeführt werden, doch die Mission wurde nach der Explosion eines Sauerstofftanks abgebrochen.

4. Die **MONDLANDEFÄHRE EAGLE!** Sie wurde für die Apollo 11 gebaut, mit der der erste Mensch auf dem Mond gelandet ist.

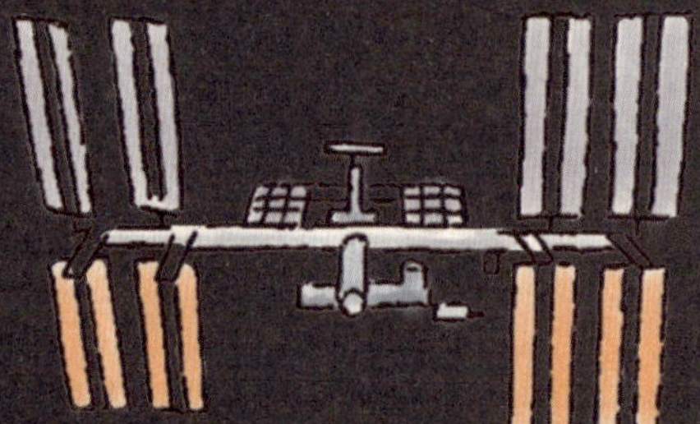

5. Die **INTERNATIONALE RAUMSTATION!** Sie ist das größte künstliche Objekt, das die Erde umkreist, die sie etwa alle 90 Minuten einmal umrundet hat.

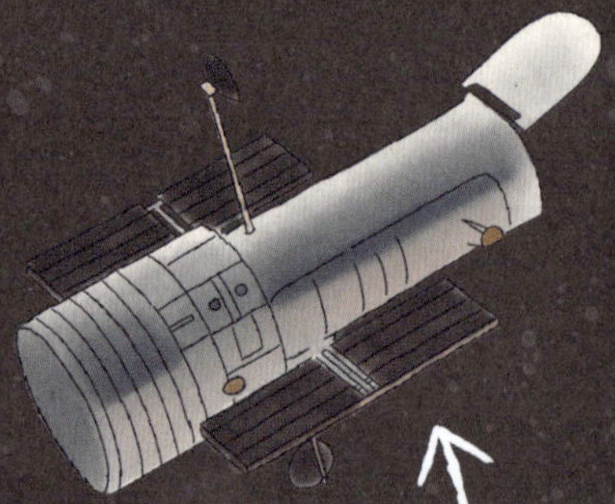

6. Das **HUBBLE-WELTRAUM-TELESKOP!** Es lieferte einige der aussagekräftigsten Aufnahmen, die je vom Weltraum gemacht wurden.

7. Die **GALILEO!** Die Raumsonde war das erste Raumfahrzeug, das einen äußeren Planeten umkreist hat: Jupiter und seine Monde.

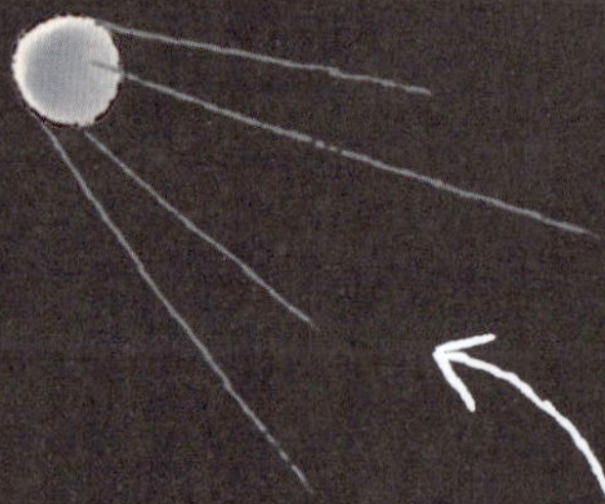

8. **SPUTNIK 1!** Er ist gerade einmal so groß wie ein Wasserball und war der erste künstliche Satellit, der die Erde umkreiste.

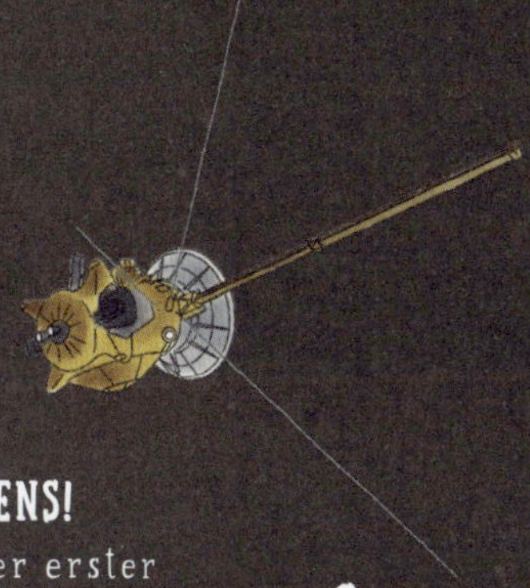

9. Die **CASSINI-HUYGENS!** Diese Mission war voller erster Male: die erste Umrundung des Planeten Saturn und die erste Untersuchung eines extraterrestrischen Ozeans.

10. Die **ROSETTA!** Mein Lander Philae war die erste Raumsonde, die jemals auf einem Kometen gelandet ist und wurde ausschließlich durch Sonnenenergie betrieben.

11. Der **MARS-ROVER!** Seine Aufgabe ist es, Beweise für Leben auf dem Mars zu finden, indem er Gesteins- und Bodenproben nimmt.

12. Das **KEPLER-WELTRAUMTELESKOP!** Ein Weltraumteleskop, das von der NASA ins All geschickt wurde, um nach erdähnlichen extrasolaren Planeten zu suchen.

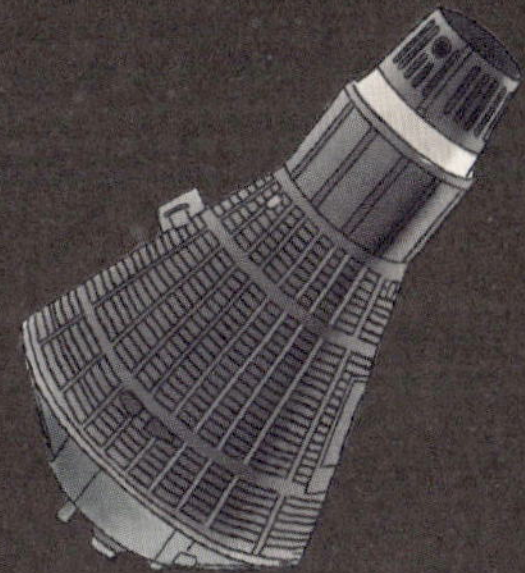

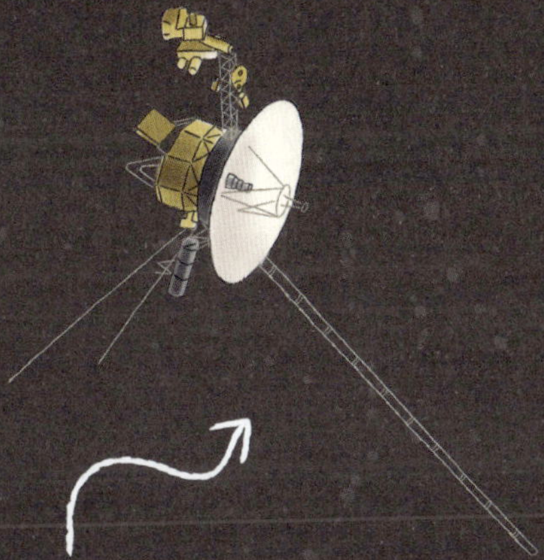

13. Die **FRIENDSHIP 7!** John Glenn war der erste Amerikaner, der in seiner historischen Kapsel die Erde umkreiste.

14. Die **VOYAGER 1!** Sie bereist bereits seit über 45 Jahren das Weltall und übermittelt noch immer Daten an die Erde.

15. Die **MARINER 4!** Sie war die erste Raumsonde, die am Mars vorbeiflog und wissenschaftliche Messdaten und Bilder von der Oberfläche des Planeten an die Erde schickte.

BENENNE DIESEN

BAUM

EIN BLATT IST DURCH EINEN STÄNGEL MIT SEINEM BAUM VERBUNDEN. BLÄTTER HELFEN PFLANZEN WIE BÄUMEN DABEI, DAS SONNENLICHT AUFZUNEHMEN UND IN NAHRUNG UMZUWANDELN.

LIES DIE HINWEISE UND ORDNE JEDEM AUFGELISTETEN BAUM DAS RICHTIGE BLATT ZU.

HINWEISE

- ◆ Das Blatt der **ERLE** wölbt sich an der Spitze leicht nach innen und sieht so beinahe aus wie ein kleines Herz.
- → Die Blätter der **ESCHE** sind hellgrün und haben viele kleine Zacken an ihren Kanten.
- ● Die Blätter der **BUCHE** färben sich im Herbst gelb.
- ⁘ Die Blätter der **JAPANISCHEN KIRSCHBLÜTE** bilden den perfekten Hintergrund für ihre wunderschönen rosafarbenen Blüten.
- ▷ Die Blätter der **KOKOSPALME** sind lang und schmal und wachsen neben Kokosnüssen.
- ◆ Die Blätter des **HOLZAPFELS** wachsen neben gelbgrünen, runden Früchten.
- → Die Blätter des **HOLUNDERS** wachsen neben einer schwarzen Frucht namens Holunderbeere.
- ● Die Blätter des **BLUMENHARTRIEGELS** wachsen um kleine weiße Blüten herum.
- ⁘ Die Blätter des **GINGKO-BAUMES** haben die Form von winzigen Fächern.
- ▷ Die Blätter des **HASELSTRAUCHES** sind rund und grün und wachsen neben hellbraunen Haselnüssen.
- ◆ Die Blätter der **STECHPALME** sind dunkelgrün und sehr stachelig und tragen bündelweise rote Beeren.
- → Die Blätter der **ROSSKASTANIE** wachsen neben Kastanien, die sich in stacheligen Hüllen befinden.
- ● Die Blätter des **MARULA-BAUMES** sind klein und glänzend und ihre Stängel liegen weit auseinander.
- ⁘ Die Blätter der **EICHE** wachsen neben Eicheln, die kleine Hütchen tragen.
- ▷ Die Blätter des **OLIVENBAUMS** sind klein, schmal und dunkel und wachsen neben grünen Früchten, die später schwarz werden.
- ◆ Die Blätter des **ROT-AHORNS** sind im Herbst leuchtend rot.
- → Die Blätter der **EBERESCHE** wachsen neben scharlachroten Beeren.
- ● Die Nadeln der **SCHOTTISCHEN KIEFER** sind lang und schmal und laufen spitz zu. Sie bilden auch Kiefernzapfen.
- ⁘ Die Blätter der **HÄNGEBIRKE** sind spitz zulaufend und wachsen neben langen, dünnen Blütenkätzchen.
- ▷ Die Blätter des **SILBERFARNS** wachsen entlang eines dünnen Triebes. Jedes Blatt besteht aus vielen weiteren winzigen Blättern.
- ◆ Die Blätter der **WEISSTANNE** wachsen in dichten Bündeln kurzer nadelartiger Gebilde.
- → Die Blätter des **BERGAHORNS** wachsen neben geflügelten „Früchten", die sich beim Herabfallen um sich selbst drehen.
- ● Die Blätter der **WEIDE** sind silbrig-grün, lang und dünn.
- ⁘ Die Blätter der **EIBE** sind schmal, dunkelgrün und glänzend und wachsen neben kleinen roten Beeren.

1.

2.

3.

4.

5.

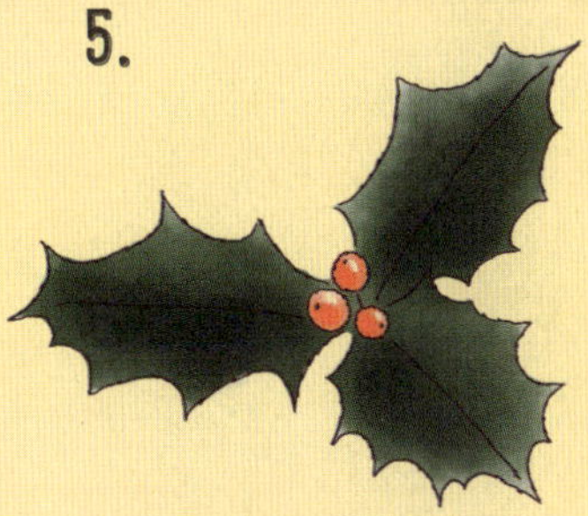

6.

7.

8.

9.

10.

11.

12.

13.

14.

15.

16.

17.

18.

19.

20.

21.

22.

23.

24.

BÄUME

LÖSUNGEN

1. Ich bin eine **EICHE!** Ich bin dafür bekannt, während meines gesamten Lebenszyklus bis zu zehn Millionen Eicheln zu produzieren.

2. Ich bin eine **ROSSKASTANIE!** Ich kann über 35 Meter hoch werden, was ungefähr der Länge eines Tennisplatzes entspricht.

3. Ich bin eine **SCHOTTISCHE KIEFER!** Ich bin der größte und älteste Baum der kaledonischen Wälder Schottlands.

4. Ich bin eine **JAPANISCHE KIRSCHBLÜTE!** In Japan kennt man mich als Sakura und ich verkünde die Rückkehr des Frühlings.

5. Ich bin eine **STECHPALME!** Drosseln sind mir gegenüber sehr besitzergreifend und verteidigen meine Beeren häufig gegen andere Vögel.

6. Ich bin ein **BERGAHORN!** Man glaubt, dass ich von den Römern nach Mitteleuropa gebracht wurde.

7. Ich bin ein **ROT-AHORN!** Mein Pflanzensaft wird zu Ahornsirup verarbeitet, auch wenn er nicht ganz so süß ist wie der anderer Ahornbäume.

8. Ich bin ein **HASELSTRAUCH!** Meine Nüsse werden von Menschen, Eichhörnchen und Haselmäusen gleichermaßen geliebt.

9. Ich bin ein **OLIVENBAUM!** Im alten Griechenland war ich der heilige Baum der Göttin Athene.

10. Ich bin eine **EBERESCHE!** Im Herbst wachsen mir scharlachrote Beeren, deren Samen von Vögeln verteilt werden.

11. Ich bin ein **GINGKO-BAUM!** Ich bin als „lebendes Fossil" bekannt, da ich zu einer uralten Gruppe von Bäumen gehöre, die in einer Zeit gelebt haben, in der es noch nicht einmal Dinosaurier gab.

12. Ich bin eine **HÄNGEBIRKE!** Ich gehöre zu den sogenannten „Pionierbaumarten", weil ich an so gut wie jedem Standort wachse.

13.

Ich bin ein **BLÜTENHARTRIEGEL!** Fast alles an mir, von meiner Rinde bis zu meinen Blättern, kann zur Heilung von körperlichen Beschwerden eingesetzt werden.

14.

Ich bin eine **BUCHE!** Meine Blätter sind im Frühjahr und Sommer grün und färben sich im Herbst zunächst gelb, dann orange und zum Schluss bronzefarben.

15.

Ich bin eine **WEISSTANNE!** Ich stamme ursprünglich aus den Bergen Europas, wo ich als erste Art als Weihnachtsbaum diente.

16.

Ich bin ein **HOLZAPFEL!** Meine Früchte sind viel kleiner und säuerlicher als gewöhnliche Äpfel.

17.

Ich bin ein **MARULA-BAUM!** Ich bin bekannt als „König der afrikanischen Bäume" und Elefanten und Giraffen haben eine Vorliebe für meine Blätter und Früchte.

18.

Ich bin eine **ERLE!** Ich wachse häufig auf feuchtem Untergrund in der Nähe von Flüssen, Teichen oder Seen.

19.

Ich bin eine **WEIDE**! Meine langen Äste krümmen sich bogenartig und bilden so eine Art Baldachin, der bis auf den Boden reicht.

20.

Ich bin eine **ESCHE!** Die Wikinger glaubten, dass der Gott Odin den ersten Mann und die erste Frau auf Erden mithilfe meiner Rinde erschaffen hat.

21.

Ich bin ein **HOLUNDER**! In voller Blüte verströmen meine Blüten einen tollen, süßen, sommerlichen Duft.

22.

Ich bin eine **EIBE!** Ich lebe so lange, dass ich erst einmal ein Alter von 900 Jahren erreichen muss, damit man mich alt nennen kann.

23.

Ich bin ein **SILBERFARN!** Ich stamme aus Neuseeland und bin dort auch die Nationalpflanze!

24.

Ich bin eine **KOKOSPALME!** Ich wachse in tropischen Küstenregionen und kann etwa 74 Kokosnüsse im Jahr produzieren.

ENTWIRF DEIN EIGENES QUIZ

GLÜCKWUNSCH ZUR LÖSUNG DER BILDERRÄTSEL IN DIESEM BUCH!

BIST DU BEREIT FÜR EINE LETZTE HERAUSFORDERUNG? VERSUCH DOCH MAL, DEIN EIGENES BENENNE-DIESES-DING-QUIZ ZU ENTWERFEN. HIER EIN PAAR TIPPS, WIE DU DABEI VORGEHEN KANNST.

FINDE EIN THEMA

Was interessiert dich? Worüber weißt du sehr viel? Welche Hobbys hast du? Von Fußball über Insekten oder Harry Potter bis hin zu Musiker*innen. Wähle deinen Favoriten!

MALE BILDER

Sobald du dich für ein Thema entschieden hast, male zehn Bilder auf ein Blatt Papier, die dazu passen, und nummeriere sie. Du könntest so etwas Spezielles malen wie die Wappen der Bundesliga-Klubs oder etwas Allgemeineres wie interessante Insekten. Wenn du nicht gerne malst, frage einen Erwachsenen, ob du dir stattdessen ein paar Bilder aus dem Internet ausdrucken darfst. Klebe sie dann einfach auf ein Stück Papier und nummeriere sie.

SCHREIBE HINWEISE

Überlege dir für jedes Bild den passenden Hinweis. Bedenke dabei, dass die Beschreibung der Besonderheit zu deinem Bild passen muss.

Hier ein Beispiel:

1. Der Braune Bär hat braune und cremefarbene Flügel.

ERSTELLE LÖSUNGEN

Schreibe auf ein zweites Blatt Papier die Lösung zu jedem Bildhinweis. Dann schreibe zu jeder Lösung noch einen interessanten Fakt auf.

1. Ich bin der **BRAUNE BÄR!** Meine Raupe kann bis zu sechs Zentimeter groß werden.

TEILE DEIN QUIZ

Frage eine*n Freund*in, ob er oder sie dein Quiz einmal ausprobieren möchte. Wenn du willst, dass mehrere Personen dein Quiz machen können, bitte sie oder ihn darum, die Lösungen auf ein separates Blatt zu schreiben. Finde heraus, wer von deinen Teilnehmer*innen die meisten korrekten Antworten hat oder wer am schnellsten fertig ist. Du kannst deine Teilnehmer*innen auch fragen, welcher interessante Fakt ihnen am besten gefallen hat.

IMPRESSUM

Bibliografische Information der Deutschen Bibliothek.

Die Deutsche Bibliothek verzeichnet diese Publikation in der Deutschen Nationalbibliografie.

Detaillierte bibliografische Daten sind im Internet über http://www.dnb.de/ abrufbar.

EIN BUCH DER EDITION MICHAEL FISCHER

1. Auflage 2024

Titel der Originalausgabe: Name That Thing
Rätsel und Lösungen: Dr Gareth Moore
Illustrationen: Ryan O'Rourke

Aus dem Englischen übertragen von Janika Krichtel

Cover: Stephanie Jones, Janine Kühnle
Layout: Nicola Price, Sophie Gordon
Satz: Janine Kühnle
Produktmanagement und Lektorat: Katharina Steinbach

ISBN 978-3-7459-1873-1

Printed in China

www.emf-verlag.de